L'école des ego

Elizabeth Altschull

L'école des ego

Contre les gourous
du « pédagogiquement correct »

Albin Michel

© Éditions Albin Michel S.A., 2002
22, rue Huyghens, 75014 Paris

www.albin-michel.fr

ISBN 2-226-13407-7

Introduction

Voici le livre d'une réfugiée scolaire. En effet ma mère, américaine, a décidé qu'en me mettant à l'école publique aux États-Unis, elle prenait trop de risques. Soit je devenais idiote, préoccupée avant tout de plaire aux athlètes stars de l'établissement. Soit, comme tant d'autres, je tombais dans la drogue, ou autres déviances, par ennui. Ne pouvant financer des études dans une école privée (où de toute façon les contenus n'étaient guère meilleurs), elle choisit de me scolariser en France. Pour son excellent lycée public et gratuit.

Je ne fus pas déçue du voyage. L'école française me libéra de l'anti-intellectualisme étouffant de l'Amérique. Elle me fit devenir française. J'y ai rencontré des filles et des fils d'ouvriers qui habitaient les HLM environnantes. Ils étaient plus cultivés et plus critiques que les enfants de la *middle class* américaine. Les professeurs incarnaient des matières et ne parlaient jamais d'eux-mêmes, ni de nous, mais d'histoire, de physique ou de littérature...

Je ne me souviens pas avoir ni réussi ni échoué aux États-Unis parce qu'il ne s'y passait rien. Au lycée français, j'ai connu l'anticipation, le défi, la réussite, l'échec aussi. Et voilà ! J'ai eu l'impression d'apprendre à me connaître alors qu'aux États-Unis, comment dire, on se perd dans la médiocrité ambiante.

Lorsque devenue professeur en France j'ai vu poindre, puis s'amplifier, les mêmes discours, les mêmes projets de réformes, les mêmes perversions idéologiques qui ont sévi là-bas, j'ai mené une sorte d'enquête personnelle. J'ai visité une quarantaine d'établissements outre-Atlantique entre 1985 et 1991. À l'école de mes grands-parents américains, on étudiait le latin, Shakespeare, l'orthographe, l'histoire, la géographie, ce genre de choses. Toutes ces matières ont disparu. À l'image de l'Amérique, les situations sont extrêmement contrastées. Mais à milieu social équivalent, l'ensemble du système scolaire américain est d'un niveau inférieur à celui de la France. Pour l'instant.

L'Amérique peut se le permettre, elle importe ses cerveaux du monde entier. Dans les grandes universités au niveau du troisième cycle, 80 % des étudiants sont d'origine étrangère. Mais même sans considérer l'élite, le niveau moyen est bas à en croire un sondage que j'ai mené auprès d'étudiants de dix-neuf à vingt-trois ans dans une université américaine de l'État d'Indiana. Les trois quarts des étudiants ne savent pas que le Portugal est en Europe, que la Grande-Bretagne est une île, que l'eau bout à 100° Celsius, que la soie vient de la Chine, que le nord de l'Afrique n'est pas peuplé de Noirs. Imaginez dans ces conditions leur stupéfaction lorsqu'ils apprirent en septembre 2001 que de

Introduction

nombreux musulmans de par le monde ne les aiment pas !

Mais alors que font-ils à l'école ? Des « projets », des « recherches personnelles », du travail en groupe, des « débats ». En maths et en science les cours sont plus classiques mais très allégés afin d'éviter l'échec. Et pourtant la réalité du système scolaire y est plus compétitive et plus inégalitaire qu'en France. Aux États-Unis, c'est le triomphe de l'idée que l'école doit contribuer à l'épanouissement de chacun selon sa propre démarche (*do your own thing*). Et pourtant le règne de l'ennui et de la facilité ne permet pas la réalisation de cet objectif. La montée en puissance de cet engrenage en France m'inquiète comme une fugitive qui voit proliférer la maladie qu'elle a fait profession de fuir.

Pourquoi les Français s'acharnent-ils à démolir leur école, leur tradition d'excellence publique, leur bon héritage pédagogique ? Peut-on encore l'éviter ? Telles sont quelques-unes des questions auxquelles ce livre voudrait répondre.

1.

Voyage dans la préhistoire scolaire

Au programme national de morale en 1933 figurait, dans la rubrique « La vie individuelle », une leçon consacrée à l'« amour du travail ». Une rubrique entière s'intitulait : « Le devoir professionnel », dans laquelle on trouvait une leçon sur le choix d'un futur métier et une autre sur la conscience professionnelle. Si on lit quelques passages édifiants du manuel de *Morale, instruction civique, droit privé et économie politique du cours complémentaire*[1], on est frappé par le fait que le monde du travail n'était pas aussi radicalement séparé du monde scolaire qu'il l'est aujourd'hui.

Dans le chapitre sur l'amour du travail, toutes les comparaisons font référence au monde ouvrier. Ainsi on peut lire : « [...] s'il faut un apprentissage pour devenir couvreur ou maçon, le travail intellectuel que nous demandons à nos élèves exige, lui aussi, un apprentissage. » Plus loin, pour donner de bonnes méthodes aux élèves, l'auteur écrit : « Je dois préparer mes outils et les mettre à portée de

---

1. Ab Der Halden, Paris, Armand Colin, 1933.

ma main. Que penseriez-vous d'un menuisier qui serait obligé à chaque instant d'interrompre sa besogne et d'arrêter son élan pour fouiller dans tout son atelier à la recherche de sa varlope, de son bédane ou de sa scie ? » Ainsi, au cours de la leçon, la varlope et la scie se transforment en buvard, en plume à écrire, en dictionnaire. Ce que penseraient les élèves aujourd'hui, c'est que les mots varlope et bédane sont bien mystérieux ; ceux de la petite ou grande bourgeoisie trouveraient le propos poétique et y verraient une opération de revalorisation du métier de menuisier. Pour nombre d'élèves de banlieue, le menuisier, le professeur qui en parle et les élèves qui écoutent sagement ces âneries sont tous des « imbéciles » qui ne gagnent pas assez d'argent et « se font ch... au travail pour rien ».

Poursuivons notre lecture. « Si c'est notre raison qui conduit le travail, qui décide et qui juge, elle est aidée par deux ouvrières, l'attention et la mémoire. » À propos de cette mémoire : « C'est elle qui gère l'inépuisable magasin où nous entassons toutes nos acquisitions. Mais si ce magasin est encombré et mal tenu... » il faudra naturellement y faire le ménage. Ce qui est désuet, c'est la référence au monde du travail comme celui de l'évidence, celui que tout le monde connaît. L'école des années 30, celle du Front populaire et des grèves ouvrières pour améliorer les conditions de vie, celle-là même qui a alphabétisé la société française et fait monter son niveau, était bâtie sur la valeur du travail. Travail au sens de l'effort « pour se conquérir une existence plus large et plus libre » où l'on goûte « la haute et profonde satisfaction

Voyage dans la préhistoire scolaire

d'agir ». Nous sommes entrés depuis dans un monde du désir de consommer plutôt que de l'ambition d'agir. Si autrefois la valeur-travail était un puissant vecteur de l'école publique, il n'en est rien aujourd'hui : l'école présente le monde du travail comme l'enfer où l'on envoie les mauvais élèves.

En 1939, à l'école de la IIIe République, ce n'était pas un déshonneur d'être un artisan qualifié. « L'un des rôles les plus intéressants du maître, c'est de discerner les aptitudes véritables de ses élèves et de les conseiller à l'heure des déterminations. » On ne parle plus maintenant de « détermination » de l'avenir professionnel des élèves ; on s'embourbe dans la notion d'orientation qui aujourd'hui signifie que l'institution négocie sans conviction l'avenir d'un élève sans motivation. Le manuel de 1939 conseillait aux jeunes de « tomber du côté où ils penchent » parce qu'il « est fou de devenir instituteur si l'on n'aime pas les enfants, [...] de s'orienter vers l'agriculture si on n'a pas *l'amour de la terre* ; d'essayer de faire du commerce, sans une certaine aptitude à compter vite et à voir juste tout en gardant le sourire ».

On était alors convaincu que « dans toute besogne professionnelle, si humble soit-elle, l'intelligence et l'initiative trouvent à se développer ». Parce que l'intelligence est une qualité parmi d'autres dans un monde où l'on ne pâlissait pas de honte à parler d'« héroïsme professionnel ». Le livre fait l'éloge du télégraphiste qui sur un navire en perdition reste auprès de sa TSF, du pompier qui brave les flammes, de l'inspecteur de police qui risque sa vie pour arrêter le malfaiteur, de la veuve du gardien du phare qui, « à côté du cadavre encore chaud de son mari, continue la manœuvre du feu sauveur », et ainsi de suite. Le fait que ces lignes nous fassent aujourd'hui sourire montre que nous ne croyons plus guère au courage simple de faire son devoir.

Même lorsque « les circonstances n'obligent point à pousser la conscience jusqu'au sacrifice, le travail bien fait a sa valeur par lui-même ». Et le manuel de morale d'expliquer que les conséquences lointaines de nos actions nous échappent parfois, et que le mot de solidarité résonnait de tout son sens puisque « la prospérité de tous résulte de l'effort de chacun ». Avec une emphase qui a pris une certaine patine, l'école présentait le monde des travailleurs comme celui dans lequel l'enfant devait prendre place et où il participerait à un effort collectif, parfois héroïque. Saisissant contraste avec les mièvres cours actuels sur les droits de l'enfant, où l'on répète à satiété aux élèves qu'ils devraient être bien heureux de ne pas travailler. Ce n'est pas rétablir le travail forcé des mineurs que de faire rêver les jeunes à leur avenir.

Au-delà de la difficulté particulière qu'éprouvent les enseignants qui, au fond, n'ont jamais quitté l'école, à valoriser l'univers professionnel, il peut paraître curieux que ce soit essentiellement les gouvernements de gauche qui aient accompli une si nette coupure entre le monde du travail et l'école. Toute une génération de Français s'est construite en s'identifiant à Julien Sorel, le héros de Stendhal qui mettait son père en fureur en lisant au lieu de travailler. Un professeur se souvient que lorsqu'elle

Voyage dans la préhistoire scolaire

était jeune fille, ses parents (pourtant fiers des études de leur fille) voulaient toujours qu'elle finisse d'abord sa couture avant de « s'amuser à lire », activité jugée oisive. Depuis que la classe ouvrière n'est plus le messie de l'humanité, les professeurs de gauche, par réflexe social — ou par un processus d'identification sociale liée à leur propre promotion —, ignorent désormais l'existence même d'une classe ouvrière, de ses besoins, de son utilité, avec un zeste de bovarysme très français (selon lequel tout métier est sot). Tout comme un monde urbain ne risque pas de faire appel à l'« amour de la terre » pour forger les jeunes vocations, un monde d'intellectuels ne risque pas d'invoquer le plaisir du travail bien fait de ses deux mains.

Quant aux parents, leur rejet des études dites professionnelles est massif. Une vendeuse qui avait monté sa propre boutique m'expliquait, avec vivacité, toute la complexité de son métier. Gérer des stocks et des comptes, avoir l'intuition de la mode, évaluer un lot d'après un simple échantillon, être attentive à la psychologie des clientes, savoir rester aimable en toutes circonstances, concevoir les étalages, soigner les vêtements... Elle se réjouissait que la vente soit un domaine qui attire beaucoup de jeunes, mais pour son propre fils orienté en électrotechnique, elle vivait un martyre. Selon elle, le moment où il avait fallu lui acheter un bleu de travail et les outils avait été « dur ». Un drame, une humiliation. Pourtant elle reconnaissait à son fils des qualités de bricoleur, elle savait qu'il en avait assez des cahiers et des stylos, mais de là à devoir ressembler à un « prolo »... Le « chapeau bas devant l'ouvrier » en France n'était qu'une façade : le salut de l'homme, c'était au contraire de ne plus être ouvrier.

Dominique Méda, ancien élève de l'ENA, auteur du *Travail, une valeur en voie de disparition*[1], défend la thèse que le travail est une création récente datant du XIXe siècle et qu'il s'agit d'une notion oppressive. Le véritable épanouissement viendrait de l'activité politique, de la spéculation intellectuelle ou de la création artistique. Elle exprime là, sans doute, un courant de pensée renouvelé « de gauche ». Il s'agit pourtant d'une attitude typique des Grecs anciens vis-à-vis du travail aux temps de l'esclavagisme. Pendant de longs siècles, ceux qui travaillaient ont longuement lutté contre les oisifs qui vivaient du labeur d'autrui. Le mérite du marxisme, finalement, c'est d'avoir défendu la valeur-travail face au propriétaire du capital. Pendant que les uns spéculent intellectuellement (ou financièrement) ou font de la politique, d'autres, forcément, construisent des maisons et fabriquent les objets dont nous avons tous besoin, même nous autres purs esprits ! Il est curieux de voir réapparaître aujourd'hui, et chez des intellectuels se disant de gauche, autant de mépris pour le travail.

Des collègues ont publié des livres entiers affirmant qu'« ils » (patrons, puissants, détenteurs du capital, on ne sait trop) veulent des gens de moins en moins formés, des sortes de robots non pensants. Et voilà pourquoi « ils » cassent l'école et tout particulièrement sa tradition d'excellence. Les cadres se

---

[1]. Paris, Aubier, 1995.

tuent pourtant à répéter que ce que veulent les entreprises aujourd'hui, ce sont des gens autonomes. L'entreprise moderne ne veut plus de simples exécutants mais des gens qualifiés, capables d'initiative. Le mythe de la taylorisation du monde productif reste cependant vivace au sein de la corporation des enseignants. Ceux qui doivent appliquer les consignes ministérielles s'imaginent plus ou moins que l'érosion inexorable des contenus est le produit d'un complot du Grand Capital. La vérité c'est que le nivellement systématique des exigences ne vient pas du monde du travail et de l'entreprise (très coupé de l'école en réalité). Il est l'œuvre d'idéologues et de responsables politiques de gauche. Ce n'est pas un des moindres paradoxes que la gauche censément socialiste, désireuse de partage (du moins à l'origine), ait pris sur la question de l'école un tournant si éloigné de l'intérêt général. L'idéologie qui gagne l'Éducation nationale, avec une nette accélération depuis le ministère de Lionel Jospin, habille des couleurs de l'égalité une conception très individualiste de l'école. Il reste à retracer le cheminement de cette évolution.

2.

Il faut s'é-pa-nouir !

Depuis quelques années, une expression toute faite ponctue le discours de la gauche sur l'école. Il s'agit de « mettre l'enfant au centre du système scolaire ». Cette phrase me fait penser à une des nombreuses « perles » de George Bush Jr., produites par sa proverbiale éloquence. Celle qui me vient tout particulièrement à l'esprit fut prononcée lors d'un discours d'inauguration à la NASA. Le président de la première puissance spatiale mondiale leva le bras au ciel et dit : « Il est temps pour l'humanité d'entrer dans le système solaire. » De même, on se demande où se situaient les élèves auparavant dans le système scolaire français.

On peut n'y voir qu'un gadget politique, un mot d'ordre creux et s'en tenir là. Toutefois, un peu partout des parents reprennent en chœur ce slogan comme s'il s'agissait d'une revendication claire et légitime. Si on lit de près la loi Jospin de 1989 sur l'Éducation nationale, l'« épanouissement » de l'élève semble supplanter son instruction. L'acquisition du savoir n'est plus affirmée comme l'objectif premier de l'école, qui cède la place au « dévelop-

L'école des ego

pement personnel » de l'« enfant ». Ce changement d'objectif de l'école, d'apparence vénielle, lui fait prendre en réalité un tournant lourd de conséquences.

L'épanouissement de l'enfant est du ressort des parents. L'école a été mise en place pour suppléer aux inégalités de savoir entre familles, pas pour corriger les inégalités devant le bonheur, l'affection, la curiosité à l'égard du monde, l'envie d'entreprendre. Qu'est-ce qui est nécessaire exactement à l'épanouissement de l'enfant ? Que signifie cette idée ?

Pour démontrer qu'il s'agit d'une notion toute relative, faisons-nous l'avocat du diable : affirmons qu'un enfant peut être épanoui sans danser, sans dessiner, sans plonger dans une piscine trop chlorée. Mais alors, direz-vous, peut-être peut-il aussi être épanoui sans savoir lire ni écrire ? Ce qui prouve simplement que cette notion est trop subjective pour être un réel principe de politique scolaire. L'école doit reposer sur une référence collective, tangible et d'intérêt général. Le concept clair d'instruction publique repose sur le constat social suivant : il n'est pas admissible que certains sachent lire et d'autres pas.

Revendiquez que l'école reste centrée sur l'instruction, sur l'apprentissage du « lire, écrire et compter », et bien des parents et enseignants verront en vous un trouble-fête, un triste personnage ! La connotation que l'école n'est pas assez amusante pour l'individu évoque l'esprit qui s'est emparé de l'école secondaire aux États-Unis à partir des années 50. L'école devait devenir tellement plus que... l'école. Sur ce point, j'aimerais témoigner,

Il faut s'é-pa-nouir !

d'après l'expérience américaine, du caractère liberticide d'une telle école.

Dans mon pays d'origine, les écoles sont devenues étrangement oppressives envers le « jeune pas assez épanoui ». C'est devenu même un grand thème littéraire. Il faut pourtant avoir une saine méfiance des bulletins qui évaluent en longues colonnes de cases à cocher les qualités supposées de l'élève : son aptitude à s'intéresser aux autres, ses *leadership qualities* (capacités à mener les autres), son dynamisme pour les projets proposés. Une de mes institutrices américaines, plus « formée » à la « psychologie enfantine » qu'à la grammaire, attribua mon désintérêt à ma situation familiale. Ce fait psychologique était mentionné dans mon bulletin, au détriment d'une véritable évaluation de mon niveau linguistique. Or, en l'occurrence, c'était mon bilinguisme qui m'amenait à trouver ses leçons trop faciles.

En Australie, les enseignants se vantent d'avoir totalement abandonné la notation. Celle-ci est remplacée par de longues listes de cases à cocher avec des degrés de nuance sur le caractère, les compétences et les capacités des élèves. L'enseignant australien explique fièrement qu'un employeur qui veut se renseigner fait appel à l'école pour obtenir ainsi le profil du candidat à un poste. Voilà le candidat en question à la merci de ce qu'en ont pensé quelques maîtres dans sa jeunesse. Une note est plus impersonnelle ? Eh bien oui, justement, c'est une liberté. Une mauvaise note peut avoir toutes sortes de causes et marque moins la personne qui

L'école des ego

la reçoit que : « Sait anticiper sur ce qu'on attend de lui (case cochée : très rarement) » !

Dans l'école américaine, les enseignants en arrivent à s'occuper de ce qui ne les regarde pas, tout comme les élèves. Les *year books* sont un exemple archétypal d'une institution qui a cessé d'être un lieu réservé à l'étude pour devenir une sorte de surboum surveillée par des adultes complaisants. Il s'agit d'albums photos de l'établissement, qui publient des photos de tous les élèves (et celui qui ne veut pas y être n'est pas assez épanoui), mais aussi des photomontages caricaturaux, et on y décerne des titres, du mieux habillé au *most likely to succeed,* en passant par « le plus drôle ».

Dans le lycée où j'enseigne, une « intervenante extérieure », dont je n'ai pas réussi à saisir le statut, anime un journal du lycée. Elle se plaint que les élèves sont très frileux à l'idée de faire des caricatures des professeurs. Je réponds que les professeurs comme les élèves se disent des choses entre eux à propos des uns et des autres pour évacuer les tensions. Cela étant, certains propos se tiennent exclusivement entre pairs et ne s'impriment pas en vue de circuler publiquement. Un autre professeur prétendit qu'en l'état actuel de l'autorité des enseignants, ce n'était peut-être pas la peine d'en rajouter. La responsable du journal se dit déçue que les élèves n'aient envie de parler que de musique, de cinéma et d'écrire des petites histoires « pour se faire plaisir ». En d'autres termes, les élèves faisaient preuve spontanément d'une louable pudeur. L'animatrice leur fit le reproche de ne pas être assez « *fun* » (*sic*).

Il faut s'é-pa-nouir !

Pourtant aux États-Unis on a beaucoup remis en cause ce genre de publications au sein des établissements. Les journaux de collège, qui se mêlent de tout et de rien, créent des stars parmi les élèves. Les rumeurs sur la popularité, l'habillement, les historiettes d'amour entre élèves circulent davantage dans les couloirs que les échanges concernant les devoirs. Il n'est pas certain qu'il faille transformer l'école en un « Loft Story ».

Mais si on ne valorise pas le savoir, alors que valorise-t-on ? Il semble que bien souvent aux États-Unis on ait remplacé les objectifs de savoir par les matchs de sport qui prennent une dimension ahurissante : les athlètes sont des stars, recherchés par les sportifs professionnels dès la *high school* (à partir de quinze ans). Étrange pays où il ne semble pas contraire à l'épanouissement d'un jeune qu'il fasse quatre à cinq heures d'entraînement sportif par jour, mais où le latin et l'œuvre de Shakespeare doivent s'étudier à doses très homéopathiques pour éviter le surmenage.

L'école primaire a ses propres versions de l'épanouissement obligatoire. On y troque souvent le sérieux d'antan contre un look de fête permanente. On instaure couramment, par un laisser-faire choisi, une atmosphère de désordre enfantin qui semble basé sur la conviction qu'il y a une supériorité morale de la nursery et de la spontanéité des enfants sur le monde des adultes : c'est le syndrome Mary Poppins. Le désordre jubilatoire, sous la forme de semaines banalisées à thème, de fêtes à thème, de projets pluridisciplinaires à thème, est instauré avec pour apparent objectif d'apprendre aux enfants à ne pas rester assis à une table plus de trois minutes. Des instituteurs, dont la vocation est d'initier les enfants au monde des adultes en leur faisant acquérir le savoir qui leur permettra d'y être mieux armés, sont en proie à une sorte de dépression latente.

Un happening organisé par plusieurs écoles publiques dans une mairie d'arrondissement de Paris illustre bien ce syndrome Mary Poppins. Tous les enfants devaient amener un morceau de tissu bleu ; les pièces furent cousues ensemble pour former un immense étendard-patchwork déposé sur les marches de l'église monumentale proche. Quel était le but pédagogique de cette entreprise ? Si l'on se pose vraiment la question, il est probable que la procession euphorique n'avait rien d'instructif. Les activités scolaires sérieuses (même celles qui sont ludiques, rallye de maths par exemple) révèlent les inégalités entre enfants ; on met donc sur pied des événements qui ressemblent à ce que le catéchisme façon Vatican II organiserait pour une visite pontificale. On n'apprend rien, on célèbre l'innocente égalité absolue entre enfants.

Les parents ont souvent, hélas, une grande part de responsabilité dans le développement de cette école festive (et futile). Parfois simplement débordés par leur travail, ils attendent de l'école qu'elle assure des loisirs de qualité pour leurs enfants. Ils cessent alors d'être regardants sur les bases de la lecture et du calcul dès lors qu'on occupe leurs enfants avec des activités sympathiques. Plus redoutables sont les parents adeptes de modes pédagogiques selon lesquelles tout doit venir de l'enfant ; ils

Il faut s'é-pa-nouir !

se préoccupent avant tout de la créativité supposée de leurs bambins. L'effort, le dépassement de soi, le sérieux, le recueillement sont pourtant nécessaires au véritable épanouissement de l'enfant.

Du fait que la société française, à l'image de son école, valorise davantage les activités intellectuelles que la société américaine, et malgré le verbiage à la mode, une agréable pudeur caractérise heureusement l'école en France. On n'aborde les questions personnelles des élèves que si celles-ci interfèrent de façon flagrante avec leurs résultats scolaires. On ne les évoque que dans un cadre restreint. Le professeur d'éducation sportive valorisera l'élève « avec des qualités physiques » sans envoyer le message à d'autres qu'ils sont des empotés (il y aurait même une tendance inverse en France à rendre l'éducation physique trop intellectuelle avec des contrôles écrits, etc.). Le collège ou le lycée ne sont pas des hauts lieux d'exhibitionnisme.

Pourtant il y a des voix en France pour réclamer, selon la grande expression à la mode, de préférence sur un petit ton enthousiaste (comme pour dire « maintenant nous allons nous amuser »), que l'école devienne « un lieu de vie ». À vrai dire, non : c'est un lieu d'étude. Plus d'un élève à orienter en fin de Troisième a été soulagé lorsque je lui ai dit que l'école n'était pas la vie. La vocation du professeur normalement sain d'esprit n'est pas de « vivre » avec des adolescents, mais de les faire travailler. Il y a beaucoup de choses essentielles à la vie d'un jeune qui ne peuvent pas, qui ne doivent pas se faire à l'école (même si elles se font parfois entre camarades de classe). Et si un lieu d'étude passionne les uns et ennuie les autres, c'est, si j'ose dire, la vie. Certainement les écoles professionnelles, artistiques, techniques ont des styles différents qui contrastent avec les études classiques et sans doute faut-il varier les plaisirs pour que chacun trouve chaussure à son pied. Mais il s'agira toujours d'école, avec un objectif d'apprentissage, des contraintes, du sérieux.

Pourquoi est-ce que tant de parents français adhèrent à la promesse qu'on mettra leur enfant au centre de l'école ? Ne serait-ce pas parce qu'elle flatte leur égocentrisme ? Comment se fait-il que trop peu de parents soient sensibles à l'absence de cette vision collective que traduit la formule ?

Prise à la lettre, « mettre l'enfant au centre » signifie que l'institution est entièrement à son service. Mais ce n'est pas vrai, la collectivité scolaire n'est pas centrée sur l'individu qui y prend sa place, qui a même le droit à une place, sans que l'image de « centre » soit applicable. Chaque enfant va à l'école pour apprendre à vivre en collectivité. L'élève y apprend justement à se défaire un peu de son égocentrisme naturel. L'institution scolaire aide les individus à se former mais elle sert tout autant l'intérêt général. Prenons un exemple : si on dit qu'il faut développer des écoles des arts et métiers parce que certains élèves y trouveront leur voie, le choix politique serait tout aussi judicieux parce que la collectivité a besoin d'artisans.

Il est à craindre qu'en souhaitant une école qui amuse l'enfant plutôt que de former des élèves à l'étude et à la vie en collectivité, on ouvre la voie à toutes sortes de dérives. L'école, en France, a-t-elle encore les moyens de les éviter ?

3.

Comment on abolit l'exigence scolaire

Traditionnellement, le système scolaire français se caractérise par l'exigence de ses contenus et le sens de l'effort intellectuel. Une comparaison avec les pratiques américaines permet d'illustrer cette enviable situation.

Une enseignante américaine assistait un jour à mon cours dans le cadre d'un échange. Je rendais un devoir difficile, raté par un certain nombre d'élèves. L'enseignante fut stupéfaite par le corrigé très détaillé que je fis « à la française » et plus encore de la réaction des élèves, qui semblaient tous réfléchir sur le verdict « de façon extrêmement concentrée », me dit-elle, comme si cela n'allait pas de soi. Une de mes élèves en difficulté eut quelques larmes face à son échec. Cette collègue m'en fit le reproche : « Comment pouvez-vous créer une situation où un élève vit un tel échec ? » me dit-elle sur un ton surpris et sévère. Je fis venir l'élève pour avoir ses impressions, moi-même un peu secouée par les reproches de ma collègue. L'élève dit, non sans quelque fierté, qu'au lycée il fallait travailler, c'était difficile, mais qu'elle préférait cela à ne rien apprendre.

L'école des ego

Cet état d'esprit qui était commun à moi et à l'élève formait un net contraste avec ce qui se passait dans la classe de mon homologue américaine. Elle ne corrigeait pas les fautes de français que ses élèves de dix-sept ans faisaient sur leur compte rendu de voyage, car cela « dévaloriserait trop leur travail ». De retour aux États-Unis, lors d'un rendu de devoir où les notes n'allaient pas en dessous du C (dans le système de notation de cinq lettres), les élèves pestèrent une demi-heure durant sur le fait qu'ils n'avaient aucune envie de faire le devoir, que l'enseignante n'avait pas su (*sic*) « les motiver correctement pour l'exercice ». La collègue américaine expliqua la différence de réaction entre nos élèves par une meilleure disposition d'esprit « naturelle » de mes élèves. Je n'en suis pas si sûre, je crois qu'on est responsable des messages envoyés aux élèves.

L'Amérique de ce point de vue est obnubilée par la question de leur « motivation », celle-ci devant toujours s'obtenir par un vague jeu de séduction. Or en réalité l'exigence séduit davantage les élèves que les techniques de « motivation » — souvent démagogiques — « à l'américaine ». Ils préfèrent finalement un professeur qui trouve que sa matière est importante à un adulte qui cherche à tout prix à leur plaire. Toutefois, les enseignants américains n'ayant pas un rapport assez développé avec une matière intellectuelle ne peuvent que chercher à baser leur contact avec les élèves sur autre chose.

Il est dommage que l'opinion publique ne semble pas avoir conscience de la volonté remarquable

Comment on abolit l'exigence scolaire

des professeurs français de tirer tous les élèves vers le haut. Pire, une partie de l'électorat soutient les gouvernements qui font tout pour que l'exigence scolaire diminue. Du fait de leur conviction universaliste, les enseignants, ici, sont persuadés que la culture est au fond accessible à tous. Ceux qui défendent le maintien d'un bon niveau scolaire utilisent l'adjectif « élitaire » (plutôt qu'« élitiste ») pour désigner la qualité des contenus. Ils aiment sans doute la rime avec égalitaire. Pour eux, tous les élèves doivent être alignés sur le niveau le plus élevé. Pourtant il existe une tension contradictoire lorsqu'on veut enseigner le « meilleur » savoir à tous. C'est une gageure pour les enseignants qui veulent réussir cette entreprise alors qu'en pratique, forcément, ils échouent (du moins en partie). La question est : faut-il pour autant abandonner l'ambition de mettre le meilleur à la portée de tous ?

Il existe un baccalauréat international privé (le I.B. : *International Baccalaureat*) qui est un examen très exigeant, reconnu mondialement. La préparation coûte très cher, mais son obtention donne accès aux meilleures formations supérieures partout. Dans certains établissements secondaires privés qui le préparent, on organise un devoir blanc par semaine. Il y a aussi des exemples d'écoles expérimentales de type Summerhill, célèbre établissement britannique, où l'on laisse libre cours à la créativité supposée de l'enfant sans rien lui imposer. Les performances intellectuelles des enfants qui en sont issus n'atteignent pas celles des élèves issus de formations élitistes classiques. La question qui se pose est : dans laquelle de ces deux tendances des familles instruites et aisées faut-il que l'école publique s'inscrive ? Est-ce que celle-ci se fonde encore sur l'alliance entre parents de milieux déjà instruits qui veulent partager leur savoir et leurs ambitions avec les parents de milieux modestes ?

En pratique, la plupart des enseignants s'efforcent quotidiennement de maintenir un niveau d'exigence élevé pour tous, en alignant tout le monde sur les plus forts. Dans l'esprit de la plupart des professeurs qui croient à l'hétérogénéité totale des classes, il s'agit pour eux d'une forme d'émulation. Le terme de « locomotive » qu'ils utilisent pour désigner les bons élèves montre bien qu'ils veulent aller de l'avant. De leur côté, ceux qui critiquent l'hétérogénéité se basent sur le fait qu'une trop grande part d'élèves est alors tirée vers le bas.

Lorsqu'on est pédagogue, il faut croire que tous les élèves sont capables d'atteindre en gros le même but. Il n'y a pas d'égalité des chances si on préjuge du sort des élèves. Des études « scientifiques » viennent confirmer cet optimisme nécessaire au métier d'enseignant. Un rapport de la FEN (l'un des syndicats des instituteurs) affirme que dans des classes hétérogènes les bons élèves restent performants et que les faibles sont tirés vers le haut, tandis que dans des classes d'élèves faibles, le niveau d'exigence chute dramatiquement. Une sage interprétation de cette étude serait que ses auteurs postulent que l'hétérogénéité provoque un léger tassement du sommet au bénéfice du maintien d'un niveau plancher assez élevé.

Mais qu'advient-il de ce plancher lorsque le

Comment on abolit l'exigence scolaire

ministère de l'Éducation nationale diminue sans arrêt les exigences de contenu ? Ce n'est pas principalement la présence de bons élèves qui détermine la qualité et l'ambition des contenus, mais le programme national. C'est lui qui donne le cadre dans lequel l'enseignant maintient le même cap pour tous. On réalise plus ou moins bien ce programme selon les élèves, c'est certain, mais en Allemagne ou aux États-Unis, où l'on a allégé les programmes à outrance, la chute de niveau dans les classes faibles est autrement vertigineuse.

Le système scolaire français est doté d'un ensemble d'instruments qui garantissent un bon niveau d'exigence : recrutement de tous les professeurs par un concours difficile, programmes nationaux et examens nationaux. Toutes ces choses inexistantes aux États-Unis sont évoquées par les observateurs américains qui se réfèrent au système français pour améliorer le leur. Or en France les gouvernements successifs semblent abandonner ce modèle. Pourquoi ?

Les programmes sont allégés chaque année un peu plus. Il est surprenant que les parents ne réagissent pas. Ils restent préoccupés par la lourdeur des cartables plus que par la légèreté des contenus scolaires. À vrai dire, les professeurs eux-mêmes se sont plaints pendant des années de la difficulté de tout faire. Comme si le fait de grommeler devant le travail à accomplir était un fondement légitime pour ne plus le faire. Les horaires sont sans cesse diminués. Jack Lang, qui prétend favoriser les langues, vient de supprimer une heure de langue vivante dans toutes les classes du lycée. Les horaires de fran-

L'école des ego

çais sont également diminués. Les coupes sombres dans les programmes et les horaires d'histoire et géographie font que cette matière devient un vague saupoudrage, surtout en S. Les programmes de philosophie et de maths comportent également désormais des trous qui leur ôtent leur cohérence.

Dans le primaire, alors qu'on étudiait quinze heures de français il y a trente ans, Jack Lang avait considéré, à la fin de son règne, que sur les neuf qui restaient, trois pouvaient être consacrées à l'étude du français dans d'autres connaissances. Pour enrober la mesure, le ministre de l'Éducation avait « précisé » que le français devait être réemployé en permanence dans tous les enseignements. Voilà un ministre qui appelle « réforme » le fait d'indiquer à ses instituteurs d'utiliser le français quand ils enseignent ! Il appelle « renforcement du français écrit et oral » enseigner encore un peu moins la grammaire, l'orthographe et le sens des textes en tant que tels.

Jack Lang a aussi réussi à abandonner en douceur la tradition « élitiste égalitaire » dans le recrutement des professeurs. Leur gestion est une particularité française qui suscite l'admiration en Angleterre et aux États-Unis, où le niveau de recrutement est d'autant plus bas que la municipalité qui recrute est pauvre. La formation des professeurs en France exige de chacun une excellente maîtrise de sa matière et culmine par une mise à l'épreuve difficile : le concours. L'enseignant est ainsi doté d'une faculté d'exigence intellectuelle qu'il a dû d'abord exercer sur lui-même. Le professeur « agrégé des universités » s'inscrit dans une référence au plus

Comment on abolit l'exigence scolaire

haut niveau dans sa matière (et c'est vrai par ricochet du CAPES, concours jusqu'ici calqué sur celui de l'agrégation). Le débouché normal de cette formation parmi les plus exigeantes du monde est, pour le jeune professeur, d'être envoyé n'importe où en France pour faire bénéficier les enfants de tous les milieux de cette excellence. Il n'y a pas de pays au monde où quelqu'un ayant le niveau de l'agrégation dans une matière considère comme normal de se trouver devant des incultes et de batailler pour les rendre aussi cultivés que lui ! Or le ministre Lang a dissocié la préparation du CAPES de celle de l'agrégation. Le temps de préparation du concours est raccourci, les exigences abaissées. Il est prévu à terme que les agrégés n'enseignent plus dans le secondaire. Le but n'est-il pas que les enseignants demandent moins à leurs élèves ?

Toutes ces mesures correspondent à la sensibilité d'une partie de l'électorat de gauche, qui veut une école qui encourage le contentement de soi. Bref, l'épanouissement... de l'ego. Le gouvernement peut parler de combattre l'échec scolaire (sous-entendu : des élèves favorisés), se forgeant ainsi un alibi égalitaire. L'école cesse d'être un lieu de dépassement de soi. Le résultat sera de laisser les enfants de milieux défavorisés dans leur ignorance. On rabote aussi le niveau des élèves de tous milieux. Moyennant quoi un test international récent, mené dans le cadre de l'OCDE, qui mesurait la capacité de collégiens à saisir le sens d'un texte, donne des résultats en baisse pour la France. Ce test mesure plutôt la décadence du primaire qui fait de moins en moins travailler le français écrit en tant que tel.

Mais les gouvernements œuvrent pour que la baisse atteigne rapidement le secondaire également. D'ailleurs le fait que les élèves n'aient pas de bases solides de primaire tire l'ensemble du système scolaire vers le bas.

Ce même test international sur la capacité à comprendre et relater le sens d'un texte révèle des résultats désastreux pour l'Allemagne. Depuis vingt ans au moins, une politique d'indulgence exagérée sévit justement en Allemagne. Un seul exemple : les élèves, au lieu de devoir se conformer aux exigences des professeurs, peuvent envoyer leurs copies à un service ministériel qui fait une double correction. Comme si se conformer aux pratiques d'un enseignant avait un autre but que d'obliger l'élève à se surpasser et à s'adapter.

L'érosion de l'exigence par touches successives est le fil conducteur de toutes les instructions données, toutes les « réformes » entreprises par le ministère. Ainsi les professeurs qui ont gardé des ambitions pour leurs élèves sont perplexes. On leur demande, par exemple, de noter moins sévèrement pour arriver à de meilleurs chiffres de réussite au brevet. Lors du ministère de Claude Allègre, la dictée en français a été supprimée au brevet. Le ministre avait pourtant été approuvé par les enseignants (chose suffisamment rare pour être signalée) lorsqu'il avait dit : « Quand il y a trop de fautes sur une copie, il faut mettre un zéro et puis c'est tout. » Pendant qu'il disait cela à la télévision, on mettait en place le nouveau barème de correction du brevet qui impose aux professeurs de ne compter que ce qui est orthographié correctement lors d'une

Comment on abolit l'exigence scolaire

petite réécriture de trois ou quatre phrases. Même si le reste est truffé de fautes, selon le barème obligatoire l'élève peut avoir son brevet. Les circulaires justifient la mesure en disant que le français doit compter partout, pas sur une seule épreuve. Oui, mais si on n'enlève que deux points pour les fautes sur toutes les autres épreuves, l'élève peut avoir le brevet alors qu'il a une orthographe catastrophique. Incohérence entre les mesures prises et le discours officiel ? Le résultat est pourtant constant : à chaque épreuve, à chaque passage de classe, on abaisse le niveau requis.

Lorsque les enseignants le signalent, peu réagissent. Les parents (du moins les instances nationales de leurs associations officielles, qui ne consultent jamais leurs adhérents) ont un réflexe de resquilleurs. « Du moment que mon enfant passe », peu importe ce qui advient du système. C'est dans cet esprit que les associations de parents revendiquent que l'entrée en Seconde soit sans sélection. Et puisque tout part en quenouille, le SNES envisage (par pur intérêt corporatiste) de réclamer la prolongation de la scolarité obligatoire jusqu'à l'âge de dix-huit ans. Puisqu'on n'aura rien appris auparavant, on peut en effet rallonger le temps de fréquentation scolaire.

La façon de gérer les options d'excellence participe à cette lente érosion des contenus. Un collège moyen de quartier décide d'ouvrir une section européenne pour offrir « un plus » aux bons élèves. Les deux premières années, la classe fut regroupée, ce qui donnait un ensemble dynamique. Les consignes du rectorat visant à empêcher que toute option puisse former une bonne classe (accessoirement la jalousie entre professeurs aidant), la section européenne fut alors réduite à une heure d'option. Il n'y eut alors que quatorze adorables élèves, tous très bons, prêts à se lever pour y être à huit heures du matin. Il paraît qu'une telle option était moins élitiste. À l'instar du latin qui ne sert plus à dynamiser des classes entières, les groupes réduits d'élèves latinistes finissent par coûter trop cher. On se met à peser dans la balance, contre ces options « de luxe », la nécessité de faire des « demi-groupes » pour les élèves faibles (qu'on refuse de mettre dans des classes à leur niveau). Peu à peu les options disparaissent (sauf dans les établissements huppés). Moralité : si vous ne faites pas de l'élitisme ouvert à beaucoup, vous faites de l'élitisme pour un *happy few*. Jusqu'au jour où vous n'en faites plus du tout.

Sans consentir volontairement à abaisser le niveau d'exigence des études secondaires, beaucoup d'enseignants sont amenés à accepter cet engrenage par des voies détournées. Le cheminement vers le nivellement commence par la conviction qu'il faut trouver des « méthodes » adaptées aux « élèves en difficulté ». Pour mieux motiver les élèves (les faibles qui n'arrivent pas à suivre, les forts qui s'ennuient), il faut faire des projets interdisciplinaires, des sorties, des dossiers de recherche. Peu à peu, les exercices rigoureux, les exigences communes vis-à-vis de tous les élèves et propres à chaque discipline s'estompent derrière les « nouvelles méthodes pédagogiques ». Jamais il n'aura été question de nivellement explicitement, mais le résultat est le même.

Comment on abolit l'exigence scolaire

Tant qu'il y a des professeurs formés dans des matières, ils y sont attachés et font tout leur possible pour les transmettre. La mesure la plus efficace, la plus radicale de nivellement est donc de transformer la formation des professeurs, remplaçant les contenus disciplinaires par une pseudo-discipline appelée « sciences de l'éducation » en provenance directe des États-Unis. Cette fois on justifie le nivellement en prétendant qu'ayant suivi des cours de pédagogie théorique, les enseignants « sauront mieux faire avec les élèves en difficulté ».

La seule règle universelle d'enseignement, à mon sens, peut se formuler dans ce que j'appelle la règle des trois « E » : expliquer, exiger, évaluer. Ce triptyque fonctionne en boucle : on essaye d'expliquer (le plus clairement et simplement possible), on exige de l'élève qu'il cherche à comprendre et qu'il s'approprie le sens de ce qu'on a expliqué ; on évalue ensuite pour l'élève et pour soi (l'enseignant) ce qui a pu être saisi. À partir de cette évaluation, on explique à nouveau, soit ce qui n'a toujours pas été compris, soit quelque chose de nouveau grâce à ce qui vient d'être acquis. À chaque étape l'enseignant essaye de donner le goût et le sens de sa matière aux élèves.

Ce qu'on appelle la didactique, à savoir la façon d'expliquer, est propre à chaque matière. Chaque matière a sa tradition, forgée par les artisans que sont les pédagogues en activité qui doivent en premier lieu maîtriser la discipline qu'ils enseignent. De surcroît, ce n'est pas la pluridisciplinarité ni la recherche de compétences prétendument universelles qui donnent aux élèves le goût des disciplines : c'est la spécialisation et l'amour de sa matière que l'enseignant réussit peu ou prou à transmettre à ses élèves.

Les soi-disant « sciences de l'éducation » ne s'attaquent pas qu'à la didactique. Elles érodent le principe même de l'exigence vis-à-vis des élèves. Les Américains, qui critiquent aujourd'hui leur système scolaire, utilisent le terme *expectations* (ce qu'on attend des élèves) pour désigner ce qu'on n'a plus le droit d'attendre des élèves. Une collègue américaine me fit des louanges sur la qualité des enseignants français qu'elle avait observés lors d'une visite. Elle rédigeait un livre pour faire part de son désarroi face à une idéologie américaine qui semble avoir rendu illégitime d'attendre quoi que ce soit des élèves. Le message sous-jacent distillé aux élèves semble : « vous êtes en droit » de trouver un cours ennuyeux, « en droit » de ne pas vouloir travailler.

Quant à l'évaluation, les « sciences de l'éducation » l'ont pratiquement abolie aux États-Unis. Pas d'examen, pas de mise à l'épreuve. On dilue l'évaluation dans toutes sortes de considérations sur la motivation, les efforts, la personnalité de l'élève. Ce faisant, on s'engage dans les voies troubles de l'affectivité avec les élèves et on cesse de s'évaluer soi-même en tant qu'enseignant. « Mes élèves ont-ils réussi le bac ou le brevet, ont-ils fini leur programme, ont-ils compris la méthode ? » Le professeur en France doit constamment se soucier du succès de ses élèves. Ces affres lui sont épargnées aux États-Unis où rien n'est exigible de personne, et où les élèves vous évaluent sur votre personnalité (*personality*), comme vous les évaluez sur la leur.

Mais qu'est-ce qui pousse les ministres, les directeurs, les syndicats, les associations de parents à œuvrer sans relâche pour une école du moindre effort ?

4.

Construire tout seul son savoir ?

Beaucoup de parents pourraient raconter une anecdote similaire à celle qui suit. Elle est typique de ce qui se passe à l'école actuellement. Une mère d'élève tentait de comprendre la leçon de l'instituteur de son fils en CE2. N'y parvenant pas, pas plus que son mari ingénieur, elle saisit l'occasion d'une réunion parents/professeurs pour poser la question de l'objectif visé. L'instituteur, fort aimable, lui expliqua que son fils devait trouver « par lui-même » le fonctionnement du langage. C'était là, paraît-il, « la garantie d'un meilleur apprentissage ». Son fils, pourtant en tête de classe, n'ayant toujours pas compris certaines règles de grammaire élémentaires, la mère acheta une grammaire pour les lui expliquer elle-même. Pleine de bon sens, elle eut cette remarque : « Si mon fils n'a pas réussi à trouver, s'il a fallu que nous l'aidions en définitive, comment font les enfants de milieux moins instruits ou dont les parents font moins attention tout simplement ? » La scène se passe dans une école d'application à Paris, c'est-à-dire une école destinée à former les futurs maîtres. Ces méthodes qui obli-

L'école des ego

gent les parents à replonger dans les livres de grammaire sont à la pointe du progrès pédagogique, puisque cet instituteur qui refusait d'expliquer aux élèves des choses qu'ils n'avaient pas comprises tout seuls est formateur en IUFM (Institut universitaire de formation des maîtres). Tous les jours il fait des disciples.

Ces instituteurs nouvelle manière font partie d'un courant qui ne cesse de gagner du terrain en France. Aux États-Unis, ce « modernisme » pédagogique est dominant. Le père fondateur en est le philosophe Dewey qui n'a rien d'un Jean-Jacques Rousseau. De ses écrits obscurs, empreints d'un provincialisme de Nouveau Monde, l'idée directrice qui émerge est que l'école doit apprendre aux enfants « à vivre ». Vaste programme, trop vaste sans doute. Dewey incarne cette classe moyenne américaine qui s'est enrichie rapidement dans une Amérique en pleine effervescence économique. Sa philosophie traduit l'autosatisfaction des intellectuels médiocres qui plaident pour une *dolce vita* du confort contre les affres et les tribulations d'une formation intellectuelle qui met à rude épreuve l'intelligence.

Puisque l'école doit apprendre la « vie » aux enfants et que chacun a évidemment la sienne, alors l'école doit encourager chaque enfant à se construire lui-même. On lui apprend donc à vivre sans rien lui imposer. La plus inquiétante conclusion de Dewey est qu'il n'est pas nécessaire de former des intellectuels, il y a des enfants dont le penchant « naturel » est d'être intellectuels et ceux-là trouveront tout « naturellement » leur voie. C'est

Construire tout seul son savoir ?

ainsi qu'au pays qui a imaginé les tests d'intelligence (dont Dewey était un adepte), on forme mieux et plus systématiquement des sportifs de haut niveau et des musiciens que des « intellectuels ». La philosophie pédagogique américaine se caractérise par ce que l'historien Hoffstaeder appelle l'« anti-intellectualisme ». Beaucoup de composantes de la mode pédagogique en vogue sont ainsi des importations directes des États-Unis.

Un Américain, le Dr E.D. Hirsch Jr.[1], docteur en philosophie, a décidé d'agir face à l'effondrement reconnu du système scolaire. Depuis 1996, il dénonce méthodiquement l'idéologie qui sous-tend l'extrême inefficacité de l'école américaine. Il est en effet paradoxal que les Américains, peuple pragmatique, aient — de l'ensemble du monde développé — l'école où l'on apprend le moins, et ce pour des raisons purement idéologiques. Le Dr Hirsch fait circuler sur l'Internet un lexique des termes (*supporting phrases*) que le corps enseignant américain oppose toujours aux parents. Son objectif est de démystifier le vocabulaire pseudo-savant employé par les enseignants. Il fournit ainsi aux parents des arguments pour qu'ils puissent dénoncer le caractère fallacieux de certaines affirmations, toujours présentées comme étayées par la « recherche ». La première *supporting phrase*, que le Dr Hirsch dénonce d'ailleurs, c'est : « La recherche montre » (« *Research has shown* »). Elle précède toujours une affirmation dès lors difficilement contestable par un

---
1. Voir bibliographie.

parent qui, lui, forcément, n'a pas fait de recherche (et n'a pas accès à celle que font les autres).

Ce n'est pas l'un des moindres paradoxes que l'école ludique et festive justifie le plus souvent ses pratiques par des prétentions scientifiques. Alors que les traditionalistes revendiquent le fait d'enseigner comme un art, ou même un artisanat, les modernistes se revendiquent des « sciences de l'éducation » qui s'imposent puisqu'elles sont bien sûr scientifiques.

Le bon sens est toujours démenti par la Recherche scientifique en éducation qui étrangement a toujours trouvé... du nouveau. N'est-il pas bizarre en effet que la recherche sur quelque chose qui au fond se fait de génération en génération trouve toujours que ce qu'on faisait auparavant était complètement faux ? Une chose est ainsi toujours récusée avec force : l'attachement qu'un parent peut avoir à la scolarité de qualité qu'il a lui-même connue et qu'il revendique pour son propre enfant. Il est toujours insinué alors que voilà un parent pathologique, qui veut que son enfant subisse la même oppression que lui. En France, le mythe révolutionnaire est venu se greffer sur la croyance scientifique à l'américaine : l'école ne doit plus être un lieu de transmission du savoir. Elle doit devenir le lieu du grand bouleversement social, celui de la réalisation immédiate de l'Égalité.

Or la vraie transmission du savoir crée de l'inégalité : entre ceux qui apprennent plus ou moins vite, qui comprennent plus ou moins bien, qui s'intéressent plus ou moins authentiquement. Dès lors, les théoriciens de la « vie » se mettent à nier que le

Construire tout seul son savoir ?

savoir doive être transmis. Ils prétendent qu'au contraire « l'élève construit son propre savoir » (sous-entendu : aussi valable que n'importe quel autre). Ils nient qu'il y ait des différences de niveaux et de vitesses face à l'acquisition du savoir, et affirment qu'il y a différentes formes d'intelligence se valant toutes. Comme cette idéologie nie les inégalités de fait, elle débouche tout naturellement sur des pratiques qui cessent de les combattre (ce qui est somme toute logique puisqu'elles n'existent plus).

Ainsi, cet égalitarisme militant est à la base d'une école beaucoup plus inégalitaire grâce à une idéologie qui prévaut aux États-Unis et qui se répand à Paris (dont les résultats aux évaluations sont inférieurs à la moyenne nationale), mais n'a pas encore prévalu dans toutes les régions. Car les modes pédagogiques très en vogue dans la formation des maîtres à Paris n'ont pas encore gagné par exemple la Bretagne. Le paradoxe breton est que, alors que la sélectivité scolaire fonctionne encore « à l'ancienne », il y a de meilleurs résultats globaux (aux tests d'évaluation comme au baccalauréat). En somme, les écoles de Bretagne se rapprochent plus de l'égalité de fait que les écoles où les méthodes nouvelles censément égalitaires sont appliquées ! Comme cette région semblait avoir une décadence de retard, l'Inspection de l'Éducation nationale s'est émue[1]. Dans son rapport qui constate que les résul-

---

1. « La sélection précoce, clé du succès chez les Bretons », *Libération*, 8 janvier 2001.

tats bretons sont meilleurs, elle critique cependant le fait que les équipes pédagogiques de cette région ne semblaient pas s'inquiéter assez de l'échec scolaire des 15 à 20 % d'élèves qui n'étaient pas maintenus au collège unique. Comme si la culpabilité subjective que devaient ressentir les enseignants était plus importante que les résultats concrets. Le rapport lui-même ne s'est pas préoccupé de l'insertion professionnelle et sociale de ceux qui avaient quitté le collège, l'a priori étant que le collège aurait dû les garder.

La terminologie pédagogique à la mode est classée par thèmes par M. Hirsch. Le premier thème, le *romantic developmentalism*, a son équivalent en France. Dans l'optique du *romantic developmentalism*, chaque enfant se développe lui-même, selon sa propre subjectivité. Parce que cette idée repose sur le postulat que la subjectivité de l'enfant est nécessairement bonne, les Américains disent que cette notion est rousseauiste. Toutefois, J.-J. Rousseau réagissait à un contexte très différent de celui de l'Amérique au XXe siècle. Lorsqu'il prône une éducation qui valorise les qualités naturelles de l'enfant, c'est en réaction contre l'éducation catholique dominante qui voyait l'enfant comme un pécheur-né. L'éducation d'alors consistait exclusivement à corriger avec sévérité tous les mauvais penchants naturels. Rousseau tient donc à affirmer qu'au contraire l'enfant a des penchants naturels positifs (curiosité, imagination) et que le rôle de l'éducateur est de permettre à ces qualités de s'épanouir. Depuis, la psychanalyse suggère que l'enfant a des

Construire tout seul son savoir ?

pulsions qui peuvent donner du bon ou du mauvais et que l'éducation opère un tri.

Le *romantic developmentalism* américain apparaît dans un tout autre contexte. Ainsi, au sein d'une société de consommation de masse où les enfants sont soit gavés de loisirs, soit privés de tous ces loisirs dont ils voient jouir les autres, dire que chacun doit faire ce qui lui plaît c'est laisser entrer à l'école toutes sortes d'inégalités sans les combattre. Cette vision de l'ego de l'enfant comme quelque chose de détachable de ses origines sociales correspond bien à une vision romantique de l'enfant, sorte d'ange parachuté dans un monde vicié.

Dans ce thème de l'individualisme romantique, on peut inclure le terme *individualized instruction* qui peut se traduire aisément par « pédagogie différenciée ». C'est ce que prétendent appliquer les écoles qui se disent adeptes du *child-centered schooling*, ce qui ressemble beaucoup à l'expression « mettre l'enfant au centre du système scolaire », centrale dans la loi d'orientation de l'école de 1989. Quelles pratiques caractérisent cette « pédagogie » ? Il y a toujours eu des pratiques de mise en place d'exercices calibrés selon la vitesse et les possibilités de chaque élève. Il s'agit alors de tenir compte (de préférence de manière informelle et discrète) de la difficulté pour l'élève de ce qui a été demandé.

Mais au pays de la « science » de l'éducation, l'*individualized instruction* n'est pas seulement un nom nouveau donné à une pratique traditionnelle. Il s'agit pour l'enseignant de cesser de faire cours à tous ses élèves en même temps. Il refuse de créer

L'école des ego

cette situation où les enfants écoutent simultanément la leçon et sont invités à se discipliner afin d'intervenir à tour de rôle. La classe est en permanence éclatée, les enfants travaillant en petits groupes ou par eux-mêmes, pratique utile et valable à l'occasion, mais érigée aux États-Unis en impératif aussi systématique que, autrefois, le silence de chacun à son pupitre. L'enseignant doit « guider la recherche par l'enfant de son propre savoir ». La classe prend l'allure d'un orchestre où chacun vérifie en permanence la tonalité de son instrument, joue éventuellement en solo, mais où l'effort de s'inscrire dans la collectivité tout entière n'est jamais demandé.

Cet individualisme extrême est le contexte dans lequel est née l'expression : « *Teach the child, not the subject* ». La langue anglaise permet ici d'exprimer, en un retournement de phrase, un retournement de situation : au lieu d'enseigner (*teach*) une matière (*subject*), il faut guider, éduquer (*teach*) l'enfant (*child*). Ce qui est remarquable, c'est le succès extraordinaire de la formule auprès des Américains depuis vingt ans. Si vous contestez l'expression, vous vous heurtez à un véritable credo. Que fait l'enseignant dans une classe de trente enfants sinon enseigner à tous la même matière ? « En tenant compte de l'individualité de chacun », répond-on. Donc lorsqu'on écrit au tableau $4 + 4 = 8$, on vérifie que chacun s'approprie ce savoir selon sa sensibilité personnelle ? S'il s'agit de vérifier que chaque enfant a bien compris, la démarche semble fort légitime. Malheureusement, le plus souvent ces « spécialistes » vous répondent

Construire tout seul son savoir ?

qu'il ne faut pas enseigner 4 + 4 = 8 et surtout pas en l'écrivant au tableau. On s'efforce alors de trouver des moyens alambiqués du type : chaque enfant doit trouver, dans un livre posé devant lui, la solution au problème qu'on lui a posé en plaçant huit cubes en deux groupes de quatre sur la table au milieu de la pièce. Ou encore des feuilles polycopiées sont distribuées sur lesquelles les opérations se font par groupe de trois élèves.

On gaspille ainsi beaucoup de temps parce qu'il est impératif de créer une situation où chaque enfant fait différemment. Des situations rocambolesques surgissent où l'enseignant parle en fait à trois ou quatre élèves pendant que les autres se promènent un peu partout. Une enseignante interrogée était radicalement hostile aux rappels collectifs à l'ordre. Elle voulait respecter le fait que chaque enfant a « sa » raison pour faire ce qu'il est en train de faire.

Il y a beaucoup de prétention dans cette démarche, comme si on était toujours à même de comprendre les enfants qu'on a devant soi. L'enseignant n'a pas en outre à se substituer aux parents pour développer le caractère de l'enfant. Tout se passe comme si un peu d'anonymat, un peu de distance, n'avait pas du bon. Comme si l'enfant ne tirait pas une certaine liberté d'être une simple composante du groupe gardant pour lui sa subjectivité. Il y a une illusion propre à ce courant pédagogique qui est de croire que si la classe tire à hue et à dia, les individus y sont plus libres. Comme si écouter dans un silence recueilli un maître qui raconte, qui explique un savoir, était si terrible. On

L'école des ego

s'imagine l'autorité du maître comme nécessairement oppressive et le chaos du groupe d'enfants livrés à eux-mêmes comme évidemment mieux vécu par chaque enfant. C'est très discutable.

À livrer l'enfant à lui-même dans une situation floue, celui qui vient d'un milieu déjà instruit, où le savoir est déjà structuré, fera « quelque chose » qui donnera l'impression à l'enseignant que sa méthode est bonne. L'enfant de milieu défavorisé, voire tout simplement un peu rêveur, sera en revanche plus ou moins perdu. Alors l'enseignant le déclarera inapte et c'est ainsi que depuis le triomphe des sciences de l'éducation, le nombre d'enfants américains avec des *learning disabilities* (incapacités d'apprentissage) jugés d'ordre médical ou psychologique ne cesse de croître et atteint des niveaux insensés (jusqu'à 40 % dans certaines écoles de quartiers pourtant très *middle class*).

À la base de cette dérive, on trouve l'hypothèse que le seul savoir qui vaille est celui que l'élève trouve par lui-même, car c'est le seul qu'il retiendra vraiment. On justifie la sensible perte de temps provoquée par de ces « méthodes » par l'affirmation qu'il « ne faut pas inculquer des connaissances », que l'enfant doit découvrir à sa vitesse lors de projets qui appliquent le *discovery learning* (l'apprentissage par la découverte). Le rythme excessivement lent de l'élève devient presque le signe d'une bonne pédagogie. Ainsi la mère d'une fillette en fin de CP était-elle stupéfaite, en examinant un cahier, devant le faible niveau de la classe : les élèves entouraient des mots épars reliés par des flèches à des images. « Je croyais que la méthode globale avait

Construire tout seul son savoir ?

fait ses preuves négatives », me dit-elle. L'instituteur, interpellé, se justifia : « On n'apprend pas à lire en un jour, il faut donner le temps à chaque élève de s'approprier la lecture à sa manière. »

Réponse qui semble imparable, sauf que dans le CP d'à côté l'institutrice « à l'ancienne », avec un livre de lecture très méthodique, avait amené ses élèves à lire. Sa méthode combinait la reconnaissance des lettres, des syllabes et de certains mots ; elle faisait travailler les élèves sur le contexte, le mot à mot, la phrase, le déchiffrage syllabique, décortiquant dans tous les sens ce savoir complexe qu'est la lecture. À la fin du CP, beaucoup de ses élèves savaient déjà lire. Chacun avait vraisemblablement appris à sa manière et à sa vitesse, mais tous plus rapidement que s'ils avaient été livrés à eux-mêmes, parce que la maîtresse les y avait aidés. Il y avait une différence entre rassurer chaque enfant, et un alibi de médiocrité générale.

Le thème de « l'enfant construit son propre savoir » est très commode puisqu'il permet à l'instituteur d'éviter toute critique sur son enseignement. Il n'assume jamais le rôle de celui qui clarifie et qui explique aux élèves, sous le prétexte que c'est à eux de faire le travail. Chaque enseignant sait que lorsqu'il a construit une explication, si le petit génie de la classe n'a pas compris, c'est que c'est lui, l'enseignant, qui n'a pas été clair. Devoir décortiquer le savoir, c'est exposer son intelligence au jugement des autres, et les nouvelles méthodes pédagogiques permettent justement de se mettre à l'abri du regard critique des élèves comme des parents. Puisque chaque élève « construit son propre savoir », s'il n'a pas encore compris quelque chose ce n'est pas l'enseignant qui a mal enseigné, c'est l'élève qui n'a pas encore trouvé !

Il est très répandu aux États-Unis — et maintenant en France — de critiquer les méthodes traditionnelles en soutenant qu'elles tuent la « créativité » de l'enfant. On confond d'ailleurs souvent le goût des enfants pour les œuvres imaginées par des adultes avec la capacité d'être eux-mêmes imaginatifs. Ils sont surtout extrêmement réceptifs et dotés d'une mémoire qui les rend capables de retenir des choses avant de les comprendre pleinement. C'est même là le propre de l'intelligence infantile (à l'instar de ce petit garçon qui cherchait l'inconvénient sous le lit parce que ses parents ne le voyaient pas). L'expression *drill and kill* signifie, dans la phraséologie à la mode pédagogique américaine, que si l'on répète, si l'on s'entraîne, on « tue » (*kill*) la compréhension et la curiosité. Il faut donc bannir le par-cœur, la répétition et le *drill*. Chacun sait que les gammes ont tué la créativité de Chopin... On pourrait multiplier les exemples où le génie créatif et la virtuosité nécessitent le *drill* (théâtre, danse, dessin, cinéma). L'acquisition d'automatismes par la répétition et l'entraînement, loin d'être l'ennemie de la créativité, en est la condition nécessaire. La lecture n'est réellement mise en place que par l'acquisition d'automatismes, beaucoup plus accessibles à l'enfant qu'à l'adulte illettré. Interdire le par-cœur, l'apprentissage répétitif, c'est priver l'enfant de cet entraînement, de cette discipline intellectuelle, qui, tôt acquis, lui permettront plus tard d'user de mécanismes qui lui seront utiles.

Construire tout seul son savoir ?

N'est-ce pas un point de vue d'enseignant n'ayant jamais quitté l'école que de raisonner comme si celle-ci forgeait le caractère, les goûts, l'intelligence des élèves ? L'apport de l'école n'est-il pas très variable selon les individus ? Elle met certes en place des choses essentielles : des bases communes du savoir, une culture partagée, l'expérience de vivre ensemble selon des règles. Or, justement, toutes ces choses sont collectives par nature. L'idéologie pédagogique, qui prétend permettre à chacun de se construire pleinement soi-même, aboutit donc à une école d'où le savoir est peu à peu évacué.

5.

La grande mystification pédagogique

« L'optique constructiviste de l'appropriation des connaissances s'oppose à celle d'une transmission de celui qui sait à celui qui ne sait pas. » D'où vient cette affirmation saugrenue ? D'un extrait du rapport Migeon, du nom de son initiateur, recteur de l'Éducation nationale. Ce rapport, publié en 1989, était adressé à Lionel Jospin, alors ministre de l'Éducation nationale. C'est un splendide condensé de la version française du courant qui s'attaque à l'école en France depuis les années 80. Les « scientifiques de l'éducation » français l'ont importé, souvent en prétendant faire des recherches qui ont en réalité consisté à lire des ouvrages américains. Ces « rénovateurs » avaient confiance dans le fait qu'ils seraient plus écoutés par le ministre socialiste de l'époque que par ses prédécesseurs. Leur idéologie correspond-elle vraiment aux convictions de l'électorat socialiste ? Y a-t-il eu débat public sur toutes les implications de leur « nouvelle approche » ?

Le recteur Migeon affirme donc, tranquillement, que l'école n'est plus le lieu où celui qui sait (lire par exemple) transmet à celui qui ne sait pas (l'en-

L'école des ego

fant, l'illettré). Une telle affirmation abolit une institution politique, débattue en France depuis la Révolution française et qui organise un effort collectif obligeant les savants à instruire les ignorants.

Le rapport poursuit avec l'affirmation suivante : « Aujourd'hui, il ne devrait plus être permis de douter : c'est bien chacun d'entre nous, depuis son plus jeune âge, qui s'est lui-même construit. » Ce courant s'est donné le nom de « constructivisme ». Chacun de nous s'est pourtant construit grâce à son entourage, et si l'école n'aide plus, de façon assez directive, les individus, il ne restera à chaque enfant que son entourage familial pour le faire. Le rapport s'acharne contre la tradition française : « La formation que nous avons reçue, notre histoire, le centralisme, notre vocabulaire conditionnent encore l'ensemble du corps social en faveur de cette conception de la transmission du savoir. » Combien de temps le « corps social » français, grâce à son « histoire », résistera-t-il à cette mode qui gangrène la formation des maîtres ?

Jean Foucambert, inspecteur de l'Éducation nationale, est l'auteur du livre *L'École de Jules Ferry. Un mythe qui a la vie dure*[1]. Inconnu du grand public, comme beaucoup de hauts cadres de l'Éducation nationale, les ministères peuvent se succéder, il reste. Très influent au sein de l'Institut national de la recherche pédagogique (INRP), il est président de l'Association française pour la lecture. En tant que tel, il est l'initiateur de la méthode globale d'apprentissage de la lecture en France. Sa formule

---

1. Ed. Retz, 1986.

choc est : « L'école est là pour alphabétiser ceux qui ne seront pas lecteurs. » C'est une accusation sans appel. Ce qu'il a compris, grâce à des recherches « scientifiques » poussées, c'est qu'alphabétiser les enfants de milieux populaires les empêche de devenir des « vrais lecteurs ». Parce qu'il plaide pour les enfants de milieux populaires, Jean Foucambert est censé être un rénovateur « de gauche ».

Il est pourtant vivement critiqué par Liliane Lurçat, une chercheuse qui combat depuis plusieurs années ces dérives. Militante de gauche également, elle a longuement pratiqué et étudié la pédagogie auprès de Henri Wallon (théoricien de la pédagogie infantile). Dans la lignée de Maria Montessori, la célèbre théoricienne de la petite enfance, elle a participé à l'émergence des idées sensualistes sur l'apprentissage en maternelle. Selon ces idées, les tout-petits (trois à six ans) apprennent en passant par tous les sens et ont besoin notamment de toucher les lettres qu'ils apprennent. Le parcours de Liliane Lurçat n'a rien de celui d'une nostalgique d'une école surannée, où la nature de l'enfant est ignorée. Ayant participé elle-même au départ à la rénovation pédagogique, elle dénonce aujourd'hui une pensée qui détruit l'école élémentaire. Elle dit que le constructivisme amène les enfants à être des « autodidactes scolaires ». Qu'il obscurcit volontairement la présentation des connaissances en obligeant l'enfant à deviner au lieu de comprendre. Au total, conclut-elle, l'égalité des chances a été remplacée par la généralisation des malchances.

On peut toujours opposer ici l'argument que la méthode globale est « passée de mode ». Pourquoi

L'école des ego

faut-il toujours qu'il y ait précisément des modes en pédagogie ? Pourquoi, depuis vingt ans, l'attachement à une bonne tradition pédagogique est-il toujours récusé ? Pourquoi, depuis vingt ans, les modes pédagogiques vont-elles toutes dans le sens de « moins, c'est mieux » ? Pourquoi enfin, alors que les méthodes introduites par Jean Foucambert ont fait la preuve de leur nocivité, l'idéologie qui les sous-tend reste-t-elle aussi prégnante ?

Jean Foucambert dénonce cinq caractéristiques de la « pédagogie de la transmission des savoirs » traditionnelle française parce qu'elles seraient « oppressives ». C'est ainsi qu'il récuse :

1) la discipline fondée sur le respect de la règle et qui développe une logique de soumission ;

2) le par-cœur ;

3) le mérite et la volonté d'émulation qui débouchent sur l'élitisme.

Deux autres façons de faire sont condamnées, à savoir :

4) le faire-semblant : on remplace la réalité sociale par la réalité scolaire ;

5) le synthétisme (qui désigne le fait pour le pédagogue de chercher la simplification, la synthèse, le raccourci, qui va permettre à l'élève d'accéder rapidement au savoir).

En prônant le culte de l'ego des élèves, ce maître à penser de l'innovation pédagogique a renversé les fondements de l'école républicaine. On peut, point par point, avancer les arguments qui contredisent ses affirmations :

1) il est bon d'apprendre à l'école la discipline

La grande mystification pédagogique

collective. Se soumettre de temps à autre aux besoins de la collectivité est une nécessité vitale.

2) le par-cœur est un échauffement de l'esprit, il en faut, un peu comme les étirements en sport.

3) l'« élitisme républicain » consiste en la stimulation des talents des enfants de tous les milieux par l'émulation. La compétitivité naturelle des enfants se canalise, mais pas en faisant semblant qu'elle n'existe pas. Il arrive aux enseignants bien intentionnés de créer des situations où le bon élève est amené à avoir honte ou peur, sous prétexte qu'on présuppose que ses camarades moins doués sont des « victimes ».

4) l'école doit être un lieu mis à l'écart des tensions sociales (avec la triple contrainte d'impartialité politique, de neutralité économique et de laïcité) pour permettre à chaque enfant de se consacrer aux études.

5) oui, le travail du pédagogue est bien de simplifier et de clarifier ce qu'il enseigne, afin que chaque nouvelle génération acquière rapidement et aisément le savoir élaboré par ses prédécesseurs.

Aujourd'hui, l'art pédagogique des instituteurs est dévalorisé au profit de leur capacité à reproduire le discours « scientifique » de ceux qui contrôlent leur formation. Les ravages sur l'école primaire sont sensibles mais on fera en sorte qu'ils soient difficiles à évaluer. Le maître mot ? Éviter l'enseignement basé sur les contenus. Tout est démarche, recherche, multidisciplinarité. On doit partir du centre d'intérêt de l'enfant. Ensuite on rejette la notation, les tests et les classements. Puisqu'on estime que c'est la démarche de l'élève qui

L'école des ego

seule compte, il n'est plus nécessaire de s'assurer qu'il a acquis un contenu minimal. Puisque l'évaluation de ces acquis traumatise l'élève, on cesse de le mettre à l'épreuve. Si on casse le thermomètre (examens, notation) et que de surcroît on refuse d'admettre la maladie (ne pas savoir lire, ne pas connaître ses tables de multiplication par cœur), on peut se croire en bonne santé. Parce qu'on lui a donné des objectifs abscons, le système scolaire devient alors très opaque pour les citoyens.

Voici, avec les termes prisés par les sciences de l'éducation françaises, pourquoi apprendre mieux c'est apprendre moins. L'« apprenant » — le nouveau mot pour « élève » — a découvert l'effet multiplicateur par 3, et s'est amusé en le voyant dans des contextes différents. Il a compris comment il a fait pour l'apprendre, il s'est senti proche de sa « personne-ressource » qui ne lui a rien inculqué mais qui a mis à sa disposition les fameuses « ressources ». Bref, il ne sait toujours pas les tables de multiplication de 4 à 9, mais ce n'est pas grave, maintenant il sait apprendre ! Alors quand ? Plus tard. Et c'est pour cela qu'on peut alléger les programmes. Pourtant les bases, par définition, n'ont pas diminué. Vous me direz, les instituteurs vraiment dans le coup contestent le concept même. Dites-leur le mot « bases » et ils font une grimace comme si vous aviez proféré une grossièreté. Voyons ! Ils mettent en place les « démarches fondamentales de l'apprentissage ». Si l'instituteur de votre enfant dit qu'il travaille sur les « textes authentiques » ou de « vrais auteurs », il est encore

La grande mystification pédagogique

dans la vieille tradition préscientifique. Vous avez de la chance, ils se font rares !

Ce qu'on estimait être les bases du langage et du calcul au début du siècle pour tout citoyen serait-il à acquérir dans le secondaire aujourd'hui ? Ou jamais ? Si tel est le cas, la démocratisation du secondaire est un leurre : tous n'accèdent pas à un vrai niveau de secondaire, mais subissent un prolongement (indéfini ?) du primaire.

D'abord conquérant au sein du primaire, ce qu'on appelle le « pédagogisme » gagne désormais le secondaire. Ce néologisme désigne toute cette idéologie obscure qui gangrène peu à peu le système. Une des clés de voûte du collège et du lycée en France est la qualité de la formation initiale des professeurs. Ils sont formés à un solide niveau universitaire dans chaque discipline. Dans le réseau d'écoles publiques (réseau, parce qu'il n'y a pas de système scolaire unifié) aux États-Unis, une seule règle est arrivée à s'imposer partout : les enseignants ne peuvent exercer qu'à condition d'avoir obtenu un diplôme de « sciences de l'éducation ». Accessoirement, et non obligatoirement, ils peuvent avoir obtenu un diplôme dans une matière (c'est souvent le cas mais pas toujours, et leur diplôme dans une matière a souvent été fortement allégé s'ils se destinaient à l'enseignement secondaire plutôt qu'universitaire).

Pourquoi Philippe Meirieu, professeur en sciences de l'éducation, prend-il la parole lors d'un colloque sur l'éducation dans une faculté à Paris pour vitupérer les « disciplinaires » (en jouant sciemment sur la résonance autoritaire du terme) ? Parce qu'il veut prendre le contrôle de la formation des professeurs du secondaire, comme l'ont fait ses homologues aux États-Unis. Même méthode, même discours, mêmes mobiles. Cette prise de pouvoir, si elle réussit, fera s'effondrer l'ensemble du système.

Les motivations de cette volonté hégémonique sont déjà largement visibles dans l'exemple américain. De médiocres intellectuels, aigris par un système universitaire qui ne leur a pas décerné la reconnaissance qu'ils en attendaient, n'ont pas accepté pour autant d'abandonner le rêve d'être au sommet de la hiérarchie académique. À la faveur d'une idéologie égalitariste pétrie de culpabilité, ils ont érigé une science qui a tout d'un procédé de charlatan. Imaginez en effet un remède miracle vendu comme une panacée. Le premier travail pour le promouvoir serait de décrire des maux catastrophiques pour lesquels il faut absolument une solution. Ainsi il n'y a pas plus critiques des inégalités du système scolaire que ces pseudo-gourous. Cependant leur diagnostic du mal appelle toujours le même traitement : changer les méthodes pédagogiques des enseignants. Qui est le plus apte à les améliorer ? Les enseignants ? Non, eux, les chercheurs en « sciences de l'éducation » qui d'ailleurs n'enseignent pas. Ils sont des spécialistes de méthode.

Pour que ces « sciences » aient l'air d'une recherche intellectuelle sérieuse, il faut manier l'art de la mystification rhétorique, de préférence par des écrits illisibles truffés d'un jargon ésotérique. Si cela ne convainc pas, l'intimidation pure et simple marche très bien aussi. Il est très difficile, entre personnes respectables, universitaires, éditeurs scolaires, etc., de dénoncer une supercherie intellectuelle. Osez dire sur la place publique que les écrits des sciences de l'éducation sont tout simplement mauvais, qu'ils n'apportent rien, et il ne peut vous arriver que les pires avanies. Trop de gens ont pris au sérieux ces travaux pour qu'on puisse dire une chose aussi simple.

Voici un petit échantillon du livre *Apprendre... oui mais comment ?* écrit par Philippe Meirieu, ancien conseiller, précisons-le, de Claude Allègre [1]. Ces définitions sont extraites du lexique en fin d'ouvrage : « *Projet* : dans le registre de la didactique, ce terme désigne d'abord l'attitude du sujet apprenant par laquelle il se trouve en situation active de recueil et d'intégration d'informations ; les informations ainsi intégrées et mentalisées peuvent être considérées comme des connaissances. Par extension, ce terme peut désigner la tâche qui finalise les activités de recueil d'informations du sujet. »

Passons sur les définitions de « prototype mental » et de « registre de formulation » pour arriver à *répertoire cognitif :*

« Mémoire de travail constituée d'indicateurs de réussite corrélés à des types de tâche, d'indicateurs de structure de classes de problème corrélés à des programmes de traitement et d'indicateurs de correspondance corrélés à des stratégies personnelles efficaces. »

---

[1]. Philippe Meirieu, éd. ESF, coll. « Pédagogies », 1987, 1re éd. (16e tirage 1997).

L'école des ego

On peut aussi citer : « [...] il faut pratiquer l'évaluation comme décontextualisation systématique et moyen d'identifier les acquis. Décontextualiser, c'est faire jouer une connaissance dans une autre situation, en rupture par rapport à la situation d'acquisition, avec d'autres exemples, dans un autre cadre, un autre contexte intellectuel mais aussi socio-affectif, voire avec d'autres personnes ; identifier les acquis, c'est savoir les nommer, les poser en extériorité, être capable de les mettre à l'épreuve, en particulier à l'épreuve du temps. »

Cette mystification est simple : si vous désapprouvez ce verbiage, c'est toujours parce que vous ne l'avez pas (encore) compris. Ce jargon a pour but de créer des adeptes regroupant « ceux qui ont compris ». Il y a cependant un choix pédagogique qui se devine sous ce galimatias. Il prétend qu'on peut former intellectuellement les élèves en dehors de contenus disciplinaires précis. Suffisamment bombardé par ce discours, le futur enseignant s'éloignera de la didactique d'une matière précise. « Mais alors ? s'interroge le citoyen ordinaire. Qu'enseigne-t-il si ce n'est une matière précise ? » Tout le mystère est là.

Le jargon des sciences de l'éducation vise également à flatter le pédagogue en exercice avec un discours qui a une belle allure d'abstraction. Certains enseignants aiment entendre cette mise en mots tarabiscotée de leur pratique quotidienne. Ils ont l'impression qu'on parle d'eux, qu'on reconnaît la difficulté de ce qu'ils font.

La grande mystification pédagogique

Pourtant, quelle utilité, quel secours ce discours alambiqué peut-il apporter au praticien ? Au jeune professeur face à une douzaine d'élèves de Cinquième qui se mettent à taper sur la table avec leurs deux poings en criant : « *Allah Akhbar* » au moment où il tente d'appliquer les trois minutes de silence à la suite des attentats du 11 septembre ? Que peut et doit faire un instituteur dont la culture pédagogique est non violente face à un enfant qui ne « comprend que les coups » ? Les élucubrations à prétention pédagogique sont à côté des vrais problèmes. Ou alors elles prétendent résoudre par la technique pédagogique ce qui relève du choix politique et social.

Si les sciences de l'éducation n'étaient qu'un inoffensif bavardage qui fasse plaisir à certains, pourquoi ne pas les laisser exister au sein de la formation des maîtres ? Parce qu'elles ne sont pas si inoffensives que cela dans la mesure où elles remplacent les cours dans les disciplines traditionnelles. Elles mettent au point toute une artillerie de pseudo-concepts destinés à les remplacer. Pour en juger, la lecture d'un de ses plus grands maîtres à penser est éclairante.

Philippe Meirieu, toujours lui, oppose deux formes de didactique. Il définit d'abord la « *didactique des disciplines :* réflexions et propositions sur les méthodologies à mettre en œuvre pour permettre l'appropriation de contenus spécifiques. Quoique très légitimement élaborées à la lumière de la réflexion épistémologique afférente à chaque discipline et à des apports de la psychologie cognitive, les didactiques spécifiques comportent toujours, plus ou moins explicitement, des choix de valeurs, de représentations de la culture, du sujet apprenant, de l'éducateur et de son rôle ». Tandis que la *didactique générale* est « l'élaboration de modèles d'intelligibilité de l'apprentissage adossés aux apports de la psychologie cognitive, porteurs — implicitement ou explicitement — de valeurs, ouverts à une opérationalisation possible et permettant d'intégrer les spécificités disciplinaires. La didactique générale est ainsi une intervention de modèles qui tentent d'articuler quatre pôles : le pôle psychologique, le pôle axiologique, le pôle praxéologique, le pôle épistémologique ».

Derrière ce jargon de Diafoirus se camoufle en réalité une tactique précise. Philippe Meirieu joue les instituteurs contre les professeurs du secondaire. Les instituteurs maîtrisent la didactique générale dotée de nombreux « pôles ». Tandis que les professeurs du secondaire sont étroitement confinés à la didactique de leurs matières. Un vieux clivage social existe en effet entre instituteurs et professeurs du secondaire qui ne partagent pas depuis la IIIe République la même culture livresque. Au départ on pouvait croire qu'en rapprochant les formations universitaires des professeurs du secondaire et ceux « des écoles » (le nouveau nom des instituteurs) on allait combler ce hiatus traditionnel. Or on permet aux futurs instituteurs d'être licenciés dans des matières qui ne sont pas d'enseignement (la psychologie). Ici et là, on commence à les obliger à avoir un diplôme de sciences de l'éducation. C'est ainsi qu'un jeune licencié de maths (avec mention Très bien), à Paris, n'a pas pu s'inscrire à la prépa-

La grande mystification pédagogique

ration du concours pour devenir « professeur des écoles » parce qu'il n'était pas diplômé de sciences de l'éducation.

Profitant de ce vieux clivage, une fois qu'il contrôle la formation des instituteurs, le lobby des sciences de l'éducation fait pression pour transformer également la formation des enseignants du secondaire. Le scénario n'est pas une projection dans l'avenir : c'est une lutte en cours.

Voilà comment on aboutira à américaniser la formation des professeurs. Or, outre-Atlantique, l'enseignant (dé)formé ainsi est incapable de clarifier, de simplifier un savoir précis parce qu'il le possède mal. Plus son incompétence dans une discipline est grande, plus il justifiera ce qu'il fait en classe par le fait qu'il « apprend aux élèves à apprendre » (des contenus qui ne seront enseignés que plus tard à l'université). Parfois il soutient qu'il « met en place des compétences fondamentales d'apprentissage ». En tout cas, on ne peut pas l'accuser de transmettre un savoir !

Tous les ingrédients sont donc réunis en France pour que la prise du pouvoir des « pédagogistes » réussisse. Dans les cinq ans à venir, il faudra recruter cent soixante mille professeurs (un tiers du corps) : ainsi la formation des maîtres est un enjeu concret. Lorsqu'on sait que Jack Lang aimait à dire qu'on va adapter la formation des maîtres « à ce que sont les élèves aujourd'hui », toutes les inquiétudes sont permises. Mais les universitaires, dans de nombreuses disciplines et dans leur trop grande majorité, préfèrent s'enfermer dans leurs petits cénacles d'initiés. Ils abandonnent la formation des enseignants dans un triple mépris : mépris pour leurs collègues des « sciences de l'éducation » qui prennent leur place, mépris pour les futurs enseignants du primaire et du secondaire, mépris pour les élèves de France.

Aujourd'hui les écoles privées américaines vantent dans leurs brochures publicitaires le fait de n'employer que des enseignants diplômés d'une matière (à salaire moindre d'ailleurs que les enseignants du public). C'est ce que le système public français offrait à tous jusqu'ici. Maintenant la qualité des professeurs est en danger. Rien ne semble endiguer le processus, ni les associations de parents qui se désintéressent de la question, ni les syndicats dont les cadres espèrent obtenir les postes enviés de formateurs d'enseignants. L'exemple américain montre que la médiocrité intellectuelle peut prendre le pouvoir au sein de la hiérarchie scolaire. Or, la gauche française, en général si critique vis-à-vis de l'Amérique, a inoculé à notre système scolaire ce que ce pays a produit de pire. Il est difficile sans doute pour les enseignants de gauche d'admettre que le combat à mener ne se résume pas à la lutte contre la logique du profit. Si on veut sauver la qualité de l'école publique, il faut s'attaquer aux impostures intellectuelles.

6.
L'intérêt général est-il la somme des ego ?

Dans un arrondissement de Paris dont les écoles sont devenues des ghettos, la présidente d'une union locale FCPE (regroupant les associations de parents plutôt de gauche) s'indigne un jour de la manière suivante : « Ah, il y en a assez de ces parents qui ont acheté dans cette rue parce que c'est moins cher et qui se plaignent ensuite que les écoles sont mauvaises. » Elle se faisait là l'écho d'un phénomène patrimonial : la bonne école (ou la mauvaise) influe sur le prix de l'immobilier environnant. Sa critique des parents n'ayant pas pu ou su faire le même choix qu'elle (avoir une pièce de moins pour être à côté de la meilleure école), et de la part d'une militante élue qui a priori cherche à servir l'intérêt général, montre à quel point la concurrence scolaire est rude.

À propos de la mère d'un élève de niveau excellent dans une classe de Quatrième catastrophique, où la majorité des élèves démotivés ne profitaient guère de sa présence, un professeur s'est exclamé : « Elle est assistante sociale, elle devrait comprendre. » En somme, puisqu'elle connaissait l'existence

L'école des ego

de la misère sociale, il allait de soi qu'elle pouvait sacrifier la scolarité de son propre enfant !

Faut-il, parce qu'il y a des « victimes sociales » parmi les enfants défavorisés, opérer des sacrifices expiatoires ? Les milieux vraiment avantagés, soit par la richesse, soit par le degré d'instruction, ont en tout cas compris : ils ne fréquentent pas les établissements où on mélange élèves sérieux et élèves très turbulents. Tous les enseignants perçoivent d'ailleurs une limite à l'hétérogénéité des classes lorsqu'il s'agit de scolariser leur propre enfant, limite d'autant mieux calculée qu'ils connaissent le système de l'intérieur. Pourquoi n'admettent-ils pas cette limite pour les autres ?

Il est rare en effet que l'hétérogénéité soit réalisée de façon pondérée, parce que ce n'est pas un principe de bonne pratique mais un mot d'ordre idéologique. Dans les faits, l'Éducation nationale vacille entre deux types de fonctionnement. Soit il y a des classes mises à l'abri des élèves d'un certain milieu (par le jeu d'une option, par la connivence entre la direction de l'établissement et les parents), soit, en application stricte des instructions de la hiérarchie, le chef d'établissement mélange sans discernement tous les élèves. Il faudrait pourtant être attentif à mélanger des enfants de milieux différents, de niveaux variables mais suffisamment proches et compatibles pour que tous profitent d'être ensemble. Les parents avisés fuient alors les collèges hétérogènes. Un parent commentant la rentrée de son enfant dit que la classe avait été présentée aux parents comme hétérogène, ce qui « fait toujours peur », ajouta-t-elle. Je lui ai demandé pourquoi et

L'intérêt général est-il la somme des ego ?

sa réponse fut éclairante : « Généralement, quand ils disent hétérogène, cela veut dire une classe faible où il y a beaucoup d'élèves à problèmes avec lesquels on ne peut pas travailler. »

Ce qui ne se fait plus du tout (ou si peu), c'est l'élitisme républicain dans le sens où beaucoup de Français adultes aujourd'hui l'ont vécu en tant qu'élèves. Les enseignants ne cherchent plus à repérer des élèves capables, issus de milieux modestes, pour recommander qu'ils aillent au lycée. Mohammed K. est un élève travailleur, attentif, curieux et très gratifiant parce que le pédagogue le voit tout apprendre, tout absorber de ce que l'école veut lui donner. Il fait partie de ces bons élèves de milieux modestes qui sont paraît-il mythiques. Il était dans ma classe européenne au collège et passa au lycée la même année où j'y fus mutée. Ses parents n'ont pas su l'inscrire dans la section européenne du lycée alors qu'il avait largement le niveau. Étant une élitiste, le couteau entre les dents, je suis allée le chercher pour l'y réintroduire. En me voyant à l'œuvre, les collègues ont eu comme un petit sourire nostalgique. Lorsqu'on recrute pour ce genre de classe, est-ce que quelqu'un a l'idée de consulter les dossiers scolaires, de se renseigner auprès des chefs d'établissement pour prendre des élèves bons en langue, de quelque milieu qu'ils viennent ? Absolument pas, on recrute exclusivement en s'adressant aux parents présents lors des réunions d'information.

Même lorsque les parents d'origine modeste ont de l'ambition pour leurs enfants, le système joue contre eux. Les parents d'un autre élève maghrébin, excellent en primaire, voulaient obtenir une dérogation afin d'éviter le mauvais collège de leur secteur. En l'occurrence les instituteurs de cet établissement le soutenaient plutôt, puisqu'ils lui ont fait faire de l'espagnol afin qu'il puisse passer en classe européenne avec espagnol première langue. Toutefois, un âpre conflit avait lieu entre parents qui mettaient leurs enfants en première langue allemand et ceux qui les mettaient en classe européenne. Le résultat fut la disparition de la classe européenne d'espagnol. Pourquoi ? Pour cause d'élitisme. Moyennant quoi ce garçon se trouva rejeté vers un mauvais collège.

Le cas échéant, les parents aisés, qui habitent les beaux quartiers ou qui recourent aux établissements privés, comptent sur les bons élèves pour tirer leur enfant vers le haut. Les défenseurs de l'hétérogénéité, très légitimement, tiennent à ce que l'école publique organise ce type d'émulation entre enfants de tous milieux. Cet état d'esprit, juste en son principe, doit être préservé même s'il y a des limites à sa mise en pratique.

Alors pourquoi ne pas tout simplement abandonner la politique d'hétérogénéité totale (le « collège unique ») et faire des classes par niveaux ? L'idéologie des professeurs s'y opposerait ? Ils sont pourtant très divisés sur la question et il se peut que, consultés, ils se révèlent majoritairement contre le mélange sans discernement des élèves. Mais, de toute façon, la décision ne leur appartient pas. Le collège unique résulte d'une politique volontaire, soutenue par des électeurs de gauche qui approuvaient — jusqu'à une date récente — l'action gou-

L'intérêt général est-il la somme des ego ?

vernementale. L'hypothèse ici est qu'une partie de l'électorat de classe moyenne a le sentiment que le gouvernement sert ses intérêts. L'autre partie a du mal à se rendre compte que ses intérêts sont lésés, ou n'ose pas encore revendiquer une politique scolaire différente. Sur la question de l'école, les gouvernements répondent aux revendications de la classe moyenne ; les milieux populaires ont des stratégies par rapport à l'école mais peu de poids dans les décisions politiques.

Si les ministres niveleurs sont populaires, c'est parce qu'il y a de nombreux parents qui désirent — inconsciemment ? — que l'on abaisse le niveau du système scolaire. Peut-être est-ce l'époque qui veut cela, tant ils sont nombreux à trouver que le lycée et toute sa culture classique est un casse-tête inutile. Ils pensent que l'école ne laisse pas assez libre cours au talent « naturel » des jeunes, à leur créativité, à leur liberté. Au XIXe siècle, la bourgeoisie conquérante se faisait un devoir de mériter sa place par sa culture générale. Au XXe siècle révolu, les positions sociales sont confortées, nul besoin de se forger un talent de vainqueur.

Brassens chantait que sans technique (sans travail) le génie n'est rien qu'une sale manie, mais aujourd'hui on cultive le mythe selon lequel « tout part de l'enfant ». Comme il est commode pour le parent de croire qu'en laissant son enfant faire à sa guise, il progressera. Pas de devoirs à surveiller, pas d'inquiétude sur ses résultats à gérer. Ces parents sont des *fashion victims* de l'air du temps, de ce qu'il faut dire de l'école quand on est malin et qu'on a entendu les discours pédagogiques à la mode qui font des ravages un peu partout.

Désormais, une tendance au misérabilisme culturel est l'apanage de la gauche ; il est de bon ton d'être complaisant avec les tags et le rap pour flatter les « jeunes défavorisés ». Cette médiocrité est relativement nouvelle car même le Parti communiste — malgré tous ses défauts — a joué un rôle dans l'élévation du niveau culturel populaire par le passé. Beaucoup de nouveaux venus ont bénéficié dans les années 60 d'une scolarité secondaire de grande qualité, car personne n'a abaissé la barre pour les accueillir. Ces dernières années, les gouvernements ont voulu tout alléger « pour démocratiser le système ». Il est plaisant de se croire naturellement génial et de se dire qu'on ne doit rien à l'école. Ce faisant on ferme la porte au nez de beaucoup d'enfants intelligents qui ont besoin de l'école.

Outre cette sensibilité dans l'air du temps qui récuse l'effort scolaire, abaisser le niveau d'exigence fait partie d'une stratégie d'élimination de la concurrence. D'une part on oblige les plus forts à partager les titres scolaires prestigieux avec des élèves moins méritants. D'autre part on élimine les élèves de milieux modestes en fondant la réussite à l'école sur l'apparence sociale plus que sur la vigueur intellectuelle. C'est cette tendance parentale qui s'enthousiasme pour le « lycée unique » et l'allégement des contenus, voire le projet de suppression du baccalauréat. Ce qui comptera alors, c'est l'impression que l'élève aura donnée à ses professeurs, le quartier où il vit et l'établissement qu'il

L'intérêt général est-il la somme des ego ?

a fréquenté. Or rien n'est plus marqué socialement que les dossiers de recherche « personnelle » faits à la maison ; les familles instruites aiment les « travaux personnels encadrés » proposés par l'actuel ministère. Et rien n'est plus biaisé que la « créativité » de l'élève, encore plus tributaire de son acquis familial et social que de l'aptitude à saisir en cours le sens des exigences du professeur.

De plus en plus nombreux, d'un autre côté, sont ces parents, souvent de gauche eux aussi, qui découvrent plus ou moins lentement que l'école publique ne garantit plus à leur enfant la qualité d'études qu'ils ont eux-mêmes connue. Ils s'interdisent encore de penser que c'est peut-être à cause d'une politique qui prétend que la solution à l'échec des uns est de les mélanger avec les autres. Ils gardent une touchante foi en la mixité sociale. Lorsqu'on aura découragé ceux-là, qui sont la trame de la cohésion sociale française, on aura cassé un formidable potentiel d'intégration des enfants issus de l'immigration. De plus en plus il leur arrive de fuir, le cœur lourd, comme ce père de famille ingénieur en électricité qui a mis son enfant dans le privé « pour qu'il ait le même niveau d'études que moi ». Son grand-père tailleur avait chassé à coups de règle le curé qui voulait qu'il inscrive son fils doué à l'école catholique. Vouloir tirer le meilleur parti de l'élève doué ne semble plus caractériser l'école publique, obnubilée par l'élève « en échec ».

Les parents qui osent dire haut et fort qu'ils veulent que le système public leur garantisse la qualité des études qu'ils ont connue sont accusés d'élitisme. Bien sûr ils sont convaincus que leurs enfants, en dignes héritiers, sauront mériter leur place. Un tel point de vue n'est pas plus généreux qu'un autre, mais une nation a besoin de multiples élites. L'attachement à la mixité sociale se conjugue très bien avec cette aspiration : l'élite est même d'autant plus dynamique qu'elle reste ouverte à la concurrence.

Toutefois, si le système public devient trop médiocre, ceux qui ne le fréquentent plus ont tout intérêt à en dénoncer le mauvais niveau pour protéger le niveau d'études qu'ils paient pour leurs enfants. Au lieu de former une alliance sociale avec les parents d'enfants doués des milieux modestes, les parents cultivés luttent simplement pour maintenir le niveau de formation de leur progéniture. La tentation libérale guette : si l'État n'est plus capable de reconnaître la qualité intellectuelle, alors ils diront : « Laissons faire les lois du marché » en espérant que ces lois invisibles, et en réalité aléatoires, aboutiront à une juste reconnaissance des uns et des autres.

Tandis que le soutien social des classes moyennes à l'école publique s'estompe, d'autres parents poursuivent la stratégie qu'ils ont toujours eue. Celle-ci consiste à préserver des chasses gardées scolaires où s'organise l'élimination des enfants issus de milieux non initiés, ce qui n'est pas du tout la même chose que la sélection ouverte aux meilleurs. Une certaine droite a toujours fui la mixité sociale. Encore récemment, à la rentrée 2000, on a vu le maire du VIIIe arrondissement de Paris s'élever contre l'hétérogénéité que provoquait le découpage des districts des lycées de sa circonscription. Les établissements

L'intérêt général est-il la somme des ego ?

du VIIIe bourgeois verraient ainsi arriver des élèves venus du XVIIIe arrondissement plus populaire et souvent d'origine immigrée. Or les lycéens sont recrutés sur dossier et le XVIIIe regorge de jeunes, contrairement au reste de Paris, ce qui permet de choisir très largement. Ce qu'on redoutait au fond n'était pas tant la baisse de niveau que la concurrence scolaire venue des milieux populaires. L'amalgame entre élèves venus d'un certain quartier et « mauvais élèves » est un vieux réflexe social de protection des avantages acquis.

Cette frilosité est rendue d'autant plus possible qu'on refuse de faire de bonnes classes dans les établissements des mauvais quartiers, abaissant ainsi objectivement le niveau. Les parents qui habitent les bons quartiers peuvent toujours réclamer l'hétérogénéité des classes ; ils n'ont pas à craindre dans leurs établissements la présence de nombreux élèves très faibles, souvent démotivés et qui tirent leurs camarades vers le bas.

En dépit du discours officiel sur le mélange bénéfique de tous les élèves, l'école entérine en pratique le triomphe des parents qui refusent le brassage social des meilleurs. Il y a une raison à cette victoire paradoxale de l'élitisme fermé : les uns refusent le brassage social, les autres refusent le qualificatif « les meilleurs ». Ainsi personne ne s'efforce vraiment de tirer les bons élèves de leurs milieux d'origine.

Tous les indicateurs chiffrés le montrent, depuis le collège unique instauré en 1974, depuis qu'on ne fait plus de sélection scolaire au niveau du collège : le nombre d'enfants d'ouvriers qui arrivent

L'école des ego

jusqu'aux grandes écoles, aux « prépas », est en baisse (passant d'environ 18 % à environ 8 %). Mais la force de l'idéologie dominante est telle que les porte-parole « de gauche » sur l'école continuent à vitupérer la sélection et plaident pour le mélange « total » des élèves. Les bons élèves issus de milieux sociaux modestes n'existent pas, ils sont un « mythe » : voilà ce que dit « la gauche », ce qui fait l'affaire du réflexe social « de droite ».

Il reste que les élèves de banlieue se bousculent pour venir à Paris parce que les lycées de banlieue ont piètre réputation, et des situations similaires se produisent dans chaque grande ville de France. On parlera alors de « psychose » des parents ! Les ministres de l'Éducation nationale, au moment d'entrer en fonction, devraient être obligés d'annoncer publiquement où ils ont mis leurs propres enfants (de même, où sont les enfants des recteurs, des membres du cabinet ?) et ensuite on discuterait de sélection scolaire !

Les parents de mauvais élèves — sans que ce soit parce qu'ils sont de « milieu défavorisé » mais pour d'autres raisons, psychologiques, dyslexie, désintérêt pour les études classiques ou autre, et qui se démènent pour trouver de bonnes alternatives — peuvent témoigner de l'insuffisance de voies médianes dans l'école publique. Ces parents s'inquiètent du phénomène de la porte close de certaines filières. Il faudrait des débouchés spécifiques qui permettent d'évoluer vers le haut dans chaque domaine et bien sûr des passerelles pour repasser d'un domaine à un autre. Or à l'heure actuelle, chaque fois qu'un BTS ou un IUT, pourtant conçu

L'intérêt général est-il la somme des ego ?

au départ comme une voie médiane de réussite, devient effectivement porteur sur le marché de l'emploi, il se met à recruter majoritairement des élèves ayant le bac général.

Selon le CÉREQ (Centre d'études et de recherches sur les qualifications), dans une étude sur la génération des jeunes entrés sur le marché du travail en 1992, la proportion de fils de Maghrébins ouvriers sans diplômes et sans travail est plus élevée. En revanche leur nombre (quatre mille), auquel il faut ajouter vingt-trois mille fils d'ouvriers nés en France, est bien inférieur à celui des enfants de cadres supérieurs ou de professions libérales. En 1992, cent quarante-six mille jeunes sont arrivés sur le marché du travail sans diplômes. Dire donc qu'il faut trouver des diplômes accessibles aux enfants qui échouent dans les filières générales, ce n'est pas se préoccuper que des enfants d'ouvriers et d'immigrés. C'est une carence globale du système qui n'est pas résolue en cassant les filières d'excellence. La diversification des baccalauréats a d'ores et déjà permis de réduire le pourcentage d'élèves qui sortent de l'école sans diplômes.

Les familles de milieux populaires ont elles aussi diverses stratégies, comme le montre une étude de Roxane Silberman[1]. Au départ, la sociologue voulait savoir s'il y avait une discrimination à l'embauche des jeunes Maghrébins qui expliquerait leur taux de chômage supérieur à la moyenne nationale : environ 20 % pour un taux national de 11 %.

---

1. « Les enfants d'immigrés sur le marché du travail... » in *Formation/Emploi,* n° 65, 1999.

L'école des ego

Dans son enquête, elle constate que les familles maghrébines poussent leurs enfants très loin dans les études générales, ce qui est bien pour ceux qui peuvent y réussir. Mais pour ceux qui ne le peuvent pas, elles refusent néanmoins les orientations professionnelles et technologiques. Ces bacs ont pourtant un meilleur taux de réussite à l'examen d'embauche que les bacs généraux. Les jeunes d'origine portugaise, au contraire, ont un taux de chômage (9 %) inférieur à la moyenne nationale parce qu'ils acceptent des orientations adaptées à leur niveau et à leur profil.

Cette enquête correspond bien au vécu des enseignants. Les parents maghrébins sont les plus nombreux parmi ceux d'origine modeste à recourir aux commissions d'appel, à refuser les suggestions d'orientation. Ils sont parfois déraisonnables sur le mérite de leur enfant ; là où d'autres admettent que leur enfant ne travaille pas, ils vous soutiennent au contraire que le leur se passionne pour les études ! Un jour, entre collègues, nous remarquions à propos d'un plombier du quartier qu'il gagnait plus que nous, mais nous trouvions cela normal parce qu'il travaillait énormément. Avec une candeur désarmante, un collègue d'origine maghrébine nous dit qu'il trouvait anormal de gagner moins, lui qui était « mieux diplômé ».

Une sorte de débrouillardise liée à l'idée qu'il est impératif de travailler pour gagner sa vie caractérise en revanche souvent les Portugais. Ainsi une jeune fille qui avait raté son BEP de comptabilité s'installa comme nourrice agréée. Lorsque je l'ai revue, voici comment elle me résuma sa situation : « Pas de

L'intérêt général est-il la somme des ego ?

diplôme, un travail que j'aime bien, neuf mille francs par mois, ça va, il y a pire. » Prétendre que l'école, le diplôme, déterminent tout dans l'obtention d'un emploi est faux. La stratégie sociale propre à chacun joue un rôle important. D'autres facteurs également : le fait qu'on puisse ou non évoluer au sein d'une entreprise (rare en France), d'appartenir ou non à un milieu qui peut vous intégrer. Ainsi nos élèves asiatiques sont souvent pris en main par leur réseau dans la restauration, tandis que les Maghrébins ont souvent des parents qui furent les premiers licenciés en masse de la grande industrie et rien dans le tissu social ne joue en leur faveur.

Nous manquons encore de recul par rapport aux élèves originaires d'Afrique noire. D'après le petit échantillon de ma propre expérience, corroborée par quelques lectures, pour les élèves africains d'origine modeste on a en gros deux cas de figure. Le premier, sans doute minoritaire mais alarmant, est le cas d'élèves en perdition à cause de leurs conditions de vie misérables, en proie à la violence et à d'autres dérives autodestructrices. Les autres jeunes d'origine africaine, beaucoup plus nombreux, semblent faire preuve d'une relative souplesse dans leurs choix d'orientation. Les garçons acceptent volontiers les métiers techniques. Sans doute rencontre-t-on moins de mépris vis-à-vis des savoir-faire manuels. J'ai travaillé avec des élèves dans un lycée polyvalent à quarante kilomètres à l'ouest de Paris ; ils se passionnaient pour la technique. À l'opposé des Maghrébins dont l'héritage culturel valorise avant tout le livre et la spéculation intellectuelle abstraite, ces Africains aimaient des études d'où sortait un résultat concret, palpable. Au moment de choisir son orientation en Troisième, un élève africain voulait « faire de la communication ». On lui fit visiter une école du tertiaire et il prit un air dépité. On finit par comprendre que ce qu'il entendait par là c'était un métier qui lui apprenne comment marchaient les circuits et les fils à l'intérieur d'un appareil téléphonique ! Les filles d'origine africaine veulent surtout trouver le moyen de devenir autonomes et de vivre en jeunes Françaises sans être soumises à leurs familles.

Ce que les gens peuvent et veulent réussir à l'école est donc très différent. Bien sûr les déterminants sociaux sont très forts. Lorsqu'un gouvernement promet que tous arriveront au meilleur niveau, il ne promet en réalité plus rien à personne. Entre le sacrifice d'Abraham que suppose l'adhésion idéologique au « collège unique » de la part de la classe moyenne cultivée, et le chacun-pour-soi hypocritement institutionnalisé, il y a un juste milieu. Les Français sont-ils prêts à l'admettre ?

7.

L'école, creuset de l'identité nationale

Le soir en rentrant chez lui, le professeur très fatigué essaye de se consoler à l'idée que, malgré tout, une fois certains passages expliqués, *Le Tartuffe* a plu à une proportion satisfaisante d'élèves de toutes origines. Alors, rempli du doux ronronnement intérieur qui lui vient de l'amour de la culture française qui l'anime et qu'il essaye de transmettre, il prend son journal du soir pour s'informer. Et là, il tombe sur un article de Tobie Nathan, ethnopsychiatre très en vogue dans les médias. Et que dit son article ? Eh bien, il dénonce la violence terrible qu'il est en train de faire à ses élèves en leur transmettant autre chose que leur « culture d'origine ». Il affirme qu'il agresse Mamadou K. en lui faisant lire du Molière. Tout s'explique, voyez-vous : les insultes qu'il a reçues dans la journée, les devoirs non rendus après lesquels il court et sur lesquels il n'a plus le droit (selon les instructions officielles) de mettre un zéro. Et il se dit que finalement il serait tellement mieux dans un lycée de centre-ville, et demande sa mutation !

L'idée que le professeur doive respecter la

culture d'origine de ses élèves et, au-delà, qu'en enseignant la culture française il ne respecterait pas lesdites cultures, ne semble pas faire frémir certains « intellectuels ». Une certaine gauche parisienne participe à une surenchère d'idées radicales qui sont instantanément reprises en chœur par la presse et qui mènent toutes à la conclusion que ce que font les professeurs, enseigner, frise l'atteinte aux droits de l'homme. Les enseignants, très sensibles au fond à tout ce qui est parisien et imprimé, continuent de faire cours stoïquement à leurs élèves, mais ils sont en proie au doute.

Car si on met bout à bout les discours actuels, on en arrive à ébranler les fondements de l'école publique française. On a tout à fait le droit en démocratie de contester les institutions. Seulement voilà, au lieu de se faire sous la forme d'un débat raisonné, la condamnation de l'école utilise deux armes d'une efficacité redoutable : l'argument d'autorité scientifique et la ringardisation. Autrement dit, des chercheurs expliquent doctement que leurs recherches mènent à contester ce qui se fait à l'école. Celui qui défend une bonne tradition scolaire est tout de suite libellé ringard.

L'angle d'attaque des critiques n'est pas toujours le même. Au nom d'une idéologie d'importation américaine, le « multiculturalisme », certains accusent l'école de ne pas respecter les différences des élèves. D'autres vous expliquent que les jeunes forment un groupe, avec une culture propre (*la culture jeune*) dont il faut tenir compte. On parle souvent aussi de « violence institutionnelle » pour désigner la contrainte qu'exerce l'école sur le jeune, « victime de la société », et qui dès lors se trouve dans un état de compréhensible rébellion. Sans parler de toute une idéologie dérivée des idées du sociologue Pierre Bourdieu qui accuse l'école de reproduire les inégalités sociales et de légitimer les positions acquises de l'élite. Ces idées minent le moral du « clergé » enseignant qui a particulièrement besoin de croire en ce qu'il fait.

Il est vraisemblable d'ailleurs que beaucoup d'élèves reçoivent le message ambiant plus ou moins confusément. Si on traduit en langage simple, l'élève d'origine immigrée comprend qu'il est illégitime de lui imposer la culture française puisqu'il en a « une autre ». Les radios et autres médias pour jeunes revendiquent une culture qui s'oppose par nature à la culture « adulte ». « Taguer » les murs de son établissement est un acte artistique d'avant-garde. Tout ce que transmet l'école est poussiéreux et dépassé. Insulter son entourage est une expression de son malaise. De toute façon il ne sert à rien de réussir à l'école puisque, à la sortie, l'élève fera l'objet de toutes sortes de discriminations auxquelles il ne peut rien.

Dans ces conditions, cette majorité d'élèves qui continuent à travailler sagement avec leurs professeurs ont un immense mérite. Tous les élèves ne sont pas des immigrés ; tous ne sont pas non plus « en échec ». Pourtant l'institution est bombardée par un discours qui dramatise l'assimilation des élèves de parents étrangers. Cette intégration culturelle doit pourtant se dérouler à l'école dans le calme et la confiance. Personnellement je suis devenue française entièrement par la fréquentation sco-

L'école des ego

laire et personne n'a songé à devenir le porte-parole de mon drame identitaire ! Chaque enfant entre deux cultures doit trouver son propre équilibre certes, mais cela se passe tout de même mieux lorsqu'on ne prétend pas qu'il porte en lui un conflit irréductible.

Les « jeunes issus de l'immigration », expression toute faite qui pourtant recouvre des réalités très différentes, sont déjà en rupture avec la culture et les traditions de leurs parents, ne serait-ce que sous l'influence de la télévision et du cinéma. Dès lors, accuser l'école française de ne pas respecter leur culture d'origine tombe complètement à côté de la réalité : l'école valorise plutôt la vraie culture quelle qu'elle soit. Plus d'un professeur d'arabe souligne auprès des jeunes ignorants qu'ils ne connaissent rien de la culture dont ils se réclament et que, pour la connaître, ils ont intérêt à lire des livres.

La tradition républicaine à la base du modèle d'intégration sociale par l'école « à la française » est née bien avant que l'immigration ne peuple la France. Dès 1789, l'abbé Grégoire voulait intégrer à la nation souveraine les habitants des provinces les plus reculées grâce à une langue commune, le français. Le principe fondateur de l'école de la République est d'unifier le corps des citoyens, en donnant à tous les mêmes bases, les mêmes références, le même langage en somme. Il ne s'agit pas d'établir l'unité pour elle-même, mais pour forger ce socle minimal commun qui permet à chacun d'être plus libre, parce que capable de comprendre et de se faire comprendre.

Condorcet, auteur du Rapport sur l'instruction

publique devant l'Assemblée législative de 1792, expliquait dans son livre, *Égalité d'éducation*, en 1794, que « l'égalité d'instruction qu'on peut espérer atteindre, mais qui doit suffire, est celle qui exclut toute dépendance [...] il doit en résulter une égalité réelle, puisque la différence des lumières et des talents ne peut plus élever une barrière entre des hommes à qui leurs sentiments, leurs idées, leur langage permettent de s'entendre ».

Lors des manifestations lycéennes de 1998, on a pu voir que la jeunesse lycéenne était loin d'être unifiée. Certains élèves voulaient plus d'options (troisième langue, langues anciennes, options artistiques...) ; d'autres vociféraient en parodiant des ouvriers soumis aux cadences infernales contre leur surcharge horaire et réclamaient la semaine de trente-cinq heures. « Y en a marre, on est écrasés de boulot », crachait dans le micro du journaliste de la télévision un élève pour lequel il n'était pas nécessaire d'être professeur pour deviner le manque de sérieux scolaire. Certains lycéens avaient un discours hostile au gouvernement, axé sur les « sureffectifs » et les locaux « délabrés ». D'autres reprenaient les slogans gouvernementaux sur l'urgence de la réforme : tout alléger, tout rendre plus facile. S'en prendre à des boutiques pendant une manifestation lycéenne n'est pas un phénomène nouveau. Dans les années 70, pour s'encanailler des jeunes brisaient et pillaient déjà des vitrines en prétendant que voler aux riches est un acte révolutionnaire. Le fait pour des jeunes d'en frapper d'autres pour leur voler leur portable, leur walkman, leurs chaussures ou leur blouson est en revanche une triste nouveauté. Pourtant les commentateurs de la presse et du Parti socialiste ont présenté les lycéens comme un bloc uniforme partageant les mêmes revendications. En quelque sorte on a transposé le mythe de la classe ouvrière sur la jeunesse.

En faisant un pas de plus dans le même sens, on en arrive à présenter le professeur comme un potentat illégitime. C'est ainsi que Gabriel Cohn-Bendit — frère de Daniel que chacun connaît — faisait paraître dans *Libération*[1] un article intitulé « Pédagos de tous les pays, unissez-vous ! » dont voici un extrait :

« Lorsqu'un élève lève le doigt pour avoir le droit de parler et que seul le maître a le pouvoir de lui donner la parole, on éduque à l'obéissance. Lorsque, dans un conseil d'élèves, la parole est distribuée par un élève élu, on éduque à la démocratie. Nous sommes nombreux à penser que "la violence à l'école", entre autres, est le résultat d'un déficit de démocratie à l'école.

« Autrefois les élèves se soumettaient passivement à l'autorité. Les rares fortes têtes étaient exclues, et tout rentrait dans l'ordre. Mais aujourd'hui, le nombre de fortes têtes a augmenté, et les enseignants n'arrivent plus à imposer leur autorité. Une société autoritaire qui ne fonctionne plus et qui se refuse à devenir démocratique devient la proie des petites et grandes mafias. »

Si Gabriel Cohn-Bendit pense qu'un élève distribue mieux la parole qu'un professeur, qui plus est sans recourir à la convention de lever le doigt, c'est

---

1. 28 septembre 2000.

qu'il imagine la jeunesse comme un groupe en dehors de la société, dotée d'une certaine pureté. Mythe romantique, mythe fasciste, mythe gauchiste. Quant aux « fortes têtes » d'aujourd'hui dans les établissements secondaires, les autres élèves les appelleraient des « caïds ». Donner le nom de révolte à leurs comportements perturbés est déjà contestable ; lorsque ces comportements constituent un abus de pouvoir sur les autres, avec un irrespect complet pour la collectivité, on pourrait se souvenir que le fascisme était lui aussi une forme historique de révolte.

S'il y a un effet bénéfique de la camaraderie et de l'appartenance à ce groupe qu'est la classe, il ne vient pas d'une rencontre spontanée, il est le résultat de la soumission collective des élèves à l'autorité du professeur autour d'un objectif : apprendre. Autorité récusée par tout un courant anti-autoritaire qui en Allemagne par exemple a gagné le système scolaire depuis les années 70. En Allemagne en effet, nation admirable mais qui verse aisément dans le systématisme extrême, les écoles à tous les niveaux ont cessé toutes les formes de discipline collective. La discipline française imposée à tous est une modalité essentielle de l'intégration des élèves de tous les milieux. Gabriel Cohn-Bendit écrit sans frémir que « le professeur qui dit à l'élève de se taire est illégitime ». Alors tous ceux qui sont élevés pour écouter le professeur doivent subir les jérémiades des « grandes gueules ». Ou s'en aller ailleurs.

François Dubet est, lui, sociologue. C'est un universitaire qui présente les jeunes comme un groupe social avec des centres d'intérêt spécifiques, sa propre « culture ». Selon lui, il faudrait absolument que le collège en tienne compte. Il écrit que « nul professeur ne peut ignorer aujourd'hui les rudiments d'une culture des jeunes [1] ». Il veut sans doute s'opposer à d'autres sociologues qui divisent les jeunes en groupes ethniques et communautaires. Pourtant la vraie universalité de la jeunesse lui vient de sa fréquentation scolaire.

Si l'école remplace le « il faut que tu apprennes » du professeur par le « j'ai envie » de l'élève, comment celui-ci peut-il prendre connaissance du monde ? Le culte de l'ego de l'élève remplace la responsabilité de le former. Selon la pensée de Condorcet, les jeunes ont besoin de passer par l'école pour acquérir leur indépendance. Si nous les présentons comme des victimes déjà exclues du fait même de leurs propres angoisses, nous enfermons les jeunes dans l'adolescence (et c'est une vacherie !).

Il n'y a pas de civilisation au monde sans rite d'initiation des jeunes par les adultes. L'école est un lieu très complexe d'initiation à la démocratie. Cela suppose que le jeune se laisse guider de son état d'enfant à son statut d'adulte. Dans certaines civilisations, les adultes initient aux secrets de la chasse, aux prouesses de la guerre, aux secrets des dieux, aux savoir-faire ancestraux... L'école initie au savoir et à la raison. Le silence de la part du jeune est le signe qu'il reconnaît la valeur de ce que ses aînés vont lui donner, cela n'a rien d'une soumis-

---

1. *L'Hypocrisie scolaire — Pour un collège enfin démocratique*, Paris, Aubier, 1995.

L'école, creuset de l'identité nationale

sion liée à la peur ou à la bêtise, mais tout au contraire se fonde sur la confiance et la curiosité d'esprit. Qu'il y ait des rites de pratiques démocratiques entre élèves, pourquoi pas ? Mais l'idée que la parole gérée par les élèves l'est de façon plus démocratique que par un professeur est une ânerie. Car justement, si la démocratie s'apprend, c'est qu'elle n'est pas spontanée.

L'école se contente en réalité d'instituer des critères objectifs de discipline et de savoir auxquels l'élève doit se plier pour réussir son intégration sociale. Cette initiation doit se solder par une reconnaissance de l'acquis de l'élève. La suppression du baccalauréat comme examen national identique et son remplacement par un contrôle continu seraient un exemple d'abandon. Le bac est, pour la jeunesse, non pas le dénominateur commun puisque tous ne peuvent pas l'avoir, mais la référence commune. Pour tendre au mieux vers l'unité sociale, il faut cet acte politique qu'est ce diplôme national.

Ce type de critère objectif explique que l'ambiance qui règne à l'école soit à l'abri du racisme. Encore qu'il faille là aussi se méfier des effets pervers. Le résultat du discours mettant toujours l'antiracisme au premier plan a pour conséquence de déresponsabiliser le jeune de ses propres échecs : il aurait toujours en face de lui des gens qui veulent l'exclure ! Il n'y a donc rien qu'il puisse faire pour prendre sa place dans la société ? L'éducateur qui veut sortir d'affaire un jeune issu de l'immigration commence par écarter cet alibi de l'inaction : « Prends-toi en main, prouve aux racistes qu'ils ont tort. » Sans nier la difficulté à vivre que crée le racisme, il y a une sorte de complaisance, un *Schadenfreude* vis-à-vis de ce phénomène par attachement à une rêverie, celle des opprimés d'un certain groupe ethnique contre les « racistes ». Il n'est pas sûr que cette disposition d'esprit soit le meilleur remède au mal.

Parce qu'ils voient du racisme dès qu'on adresse des reproches à des « minorités culturelles » supposées, certains adeptes de l'éducation anti-autoritaire ont soutenu le « droit » des jeunes musulmanes de porter le voile islamiste à l'école. C'est le cas de Daniel Cohn-Bendit — frère de Gabriel et député Vert — qui au Parlement européen s'en est donné à cœur joie contre l'intolérance française en la matière. Curieuse caution d'un signe de soumission, et de la plus terrible espèce qui soit : assumée par la soumise elle-même sous la double pression affective et morale de son entourage familial. Certes, bon nombre de ces adolescentes musulmanes pensent mener le combat de leur identité musulmane. Raison de plus pour dissocier leur attachement à leur civilisation d'origine de cette bannière de la pire espèce de patriarcat qui existe. Une grande confusion de pensée règne aujourd'hui sur les valeurs que l'école doit défendre. Beaucoup d'enseignants sont empêtrés dans une mauvaise conscience post-coloniale qui semble leur ôter tout esprit critique vis-à-vis des tentations idéologiques réactionnaires lorsque celles-ci viennent du tiers-monde.

Pour cette raison ils empruntent aux États-Unis la notion contestable du « multiculturalisme ». Ma

L'école, creuset de l'identité nationale

première rencontre avec ce concept eut lieu sur la base d'un malentendu. Lors d'un vaste colloque sur le système scolaire secondaire privé américain, je me suis inscrite aux réunions où le mot « multiculturel » figurait parce que je cherchais à organiser des échanges culturels.

Première réunion : la conférencière distribua une feuille comportant un tableau du Nichol's Model mettant dans des catégories « philosophiques » les groupes ethniques selon leurs « différences culturelles ». Les « Européens » et les « Euro-Américains » se distinguaient de la catégorie « Africains, Afro-Américains, Américains natifs, Hispaniques et Arabes » (*sic*) d'une part, et du groupe « Asiatiques, Asiatiques-Américains, Américains natifs et Polynésiens » d'autre part. Non seulement cette catégorisation avait beaucoup plus à voir avec le statut social de certains groupes ethniques aux États-Unis qu'avec les cultures, mais de surcroît le groupe des « Européens » était doté de tous les défauts (matérialisme, individualisme, compétitivité !). Je fis quelques objections. La conférencière, qui confondait la Reconquista espagnole et les conquistadores de l'Amérique latine, est professeur de « sciences de l'éducation » aux États-Unis. Elle enseigne donc cette obscure pensée aux futurs enseignants du secondaire américain. Devant mon refus de culpabiliser pour je ne sais quel crime commis entre nos ancêtres communs à elle et à moi, elle se mit à me haïr du regard. Une directrice d'école quaker, très blonde, très européenne protestante (catégorie matérialisme pas spirituel-pas cosmographique), me fit la morale. Baissant pavil-

L'école des ego

lon, parce qu'il est dur d'être une minorité honnie par tous, je suis malgré tout restée — y compris pour le café — pour le principe de ne pas m'être fait chasser. Une professeur française, en séjour d'échange aux États-Unis, est venue timidement m'exprimer toute sa perplexité devant cette idéologie, dernier avatar du racisme américain. Elle était stupéfaite par l'incommensurable ignorance de ce que sont les différentes cultures que comporte le « multiculturalisme ».

Aux États-Unis, la tradition protestante, qu'on retrouve en filigrane dans la pensée de certains réformateurs de l'école française aujourd'hui, verse aisément dans le « chacun sa vérité ». Ajoutez-y une bonne dose de « respect des différences » et cela donne : les Noirs ne sont pas ignorants, ils pensent autrement, ils ont une culture différente. Ce qui finalement se distingue mal de la version raciste traditionnelle : les Noirs sont incapables de comprendre les mêmes choses que nous. Le résultat concret, c'est qu'on exige moins des Noirs que des autres. Au test appelé SAT (dont les résultats doivent être incorporés à tout dossier de demande d'entrée dans une université américaine), on exige un score de 880 pour les « Noirs » de 1 000 pour les « Blancs » et de 1 100 pour les « Asiatiques ». Le mythe de l'infériorité naturelle de Noirs s'est transmué en une formule politiquement correcte où les Noirs des quartiers pauvres ne sont plus des ignorants mais des « autrement savants ».

Des porte-parole du multiculturalisme, de Tobie Nathan (l'ethnopsychiatre qui défend le « droit à la différence ») à Daniel Cohn-Bendit, se font l'écho de cette pensée. La version française opère un léger glissement de la version lutte-des-classes de Bourdieu, à une version ethnique, dont cette citation de Daniel Cohn-Bendit montre parfaitement le mécanisme :

« (La)... culture sera valorisée par l'école si c'est celle des classes instruites (*sic*) ou ignorée si c'est la culture des milieux populaires, et ce sera vécu par l'élève comme du mépris. Pis encore, elle sera combattue si elle nous arrive de l'étranger et, qui plus est, de "nos anciennes colonies". Les enfants font irruption dans la classe avec leur histoire, leur culture, que cela plaise ou non à notre maître accroché à son idéal d'une mythique école républicaine et qui ne voudrait voir devant lui qu'un élève abstrait. »

Ce glissement de sens est possible parce que cette idéologie ne se contente pas de constater que les inégalités sont d'origine sociale et que dès lors il faut s'efforcer de les corriger par l'instruction (ce que Condorcet disait déjà). Il y aurait une « culture ouvrière » aussi valable que la « culture bourgeoise ». On remplace alors « ouvriers » par « musulmans » et le tour est joué. Sauf que le résultat est parfaitement faux parce que la culture islamique, comme toutes les cultures, a ses élites et ses ignorants, et n'échappe pas au phénomène d'inégalité devant le savoir.

Nos élèves des quartiers pauvres sont ignorants, y compris de la culture des pays dont leurs parents sont originaires. À titre d'illustration, dans le XVIIIe arrondissement de Paris, un collège a créé

L'école des ego

une bonne classe d'arabe première langue. Plus de la moitié des élèves y est d'origine européenne (ce qui est une sur-représentation compte tenu de la composition du quartier) parce qu'ils ont un niveau culturel qui leur permet de s'attaquer à l'arabe littéraire, fort difficile. Les élèves immigrés d'Afrique du Nord sont très imparfaitement ou pas du tout arabophones, ils sont confrontés en arabe comme en français à leur handicap social vis-à-vis du langage.

La tentation de solutions « à l'américaine » (quotas, adaptation des contenus au « public scolaire ») est grande : on se donne l'impression d'apporter des réponses immédiates à des inégalités qui semblent liées à l'origine ethnique. On a tenté en France une très étrange expérience dans le primaire appelée l'ELCO. Cela veut dire : Enseignement dans la langue et la culture d'origine. Les initiateurs du projet pensaient bien faire en enseignant aux enfants d'immigrés « dans leur propre culture », le but de cette démarche étant de limiter leur échec scolaire. Les enseignants impliqués ont reconnu eux-mêmes leur déconvenue. Ces enfants ne possédaient pas nécessairement la culture escomptée (par exemple on a enseigné l'arabe à des berbérophones) et souvent s'avéraient surtout incultes. On a voulu traiter comme une différence culturelle ce qui n'était en réalité qu'une différence sociale. Pourquoi dès lors « assigner à résidence culturelle » (formule d'un responsable du projet qui a su en faire un bilan critique) plutôt que de leur donner les moyens d'être ce qu'ils sont, de bons petits Français, comme le dit la chanson ?

L'école, creuset de l'identité nationale

Cette idéologie n'est donc pas une forme d'ouverture à toutes les cultures. Elle enferme au contraire les individus. Lors d'un colloque sur le thème de l'intégration, un directeur d'école fit part de son expérience d'enfant d'immigré juif. Il témoigna du rôle primordial que l'école avait joué pour le faire devenir français. Le très réputé sociologue Alain Touraine l'agressa alors en lui expliquant que forcément, compte tenu de ses origines, il se sentait obligé de faire semblant d'être plus français que les Français. L'expression anglaise qui convient à cette idéologie est : « *Damned if you do, damned if you don't* ». En d'autres termes, si vous voulez intégrer une culture, vous êtes aliéné parce que vous ne vous accrochez pas à « la vôtre » d'origine ; vous devez militer pour une différence minoritaire et forcément incomprise. Il ne faut pas s'étonner dans ce contexte qu'une part croissante de nos élèves soient attirés par l'islamisme.

Cette idéologie multiculturaliste consiste à se donner un alibi pour ne pas combattre l'ignorance. Le système scolaire doit permettre à chaque élève de se sentir pleinement français sans régime d'exception identitaire. Si un élève veut par la suite explorer ses racines, comprendre la culture d'origine de ses parents, apprendre leur langue natale, c'est une richesse de plus pour la France. Le système scolaire doit d'ailleurs développer la possibilité d'apprendre de nombreuses langues. Plus on est cultivé, plus on est ouvert à toutes les cultures. Prétendre, comme le fait Tobie Nathan, qu'on ne peut pas enseigner à un petit que sa mère a bercé en soninké de la même façon qu'à un petit Fran-

L'école des ego

çais, c'est prétendre que la culture heurte la sensibilité des gens. La conviction de l'institution scolaire est pourtant à l'opposé : plus on sait, moins on accumule de frustration. Le savoir adoucit les mœurs.

Toutefois, le manque de conviction qui caractérise aujourd'hui l'école et ses responsables. Au sein de l'Église catholique, du Parti communiste d'autrefois, l'homme simple qui adhérait à la foi ou à la ligne était intégré par les militants, les prêtres. Le fort sentiment d'appartenance empêche les jeunes gens de tomber dans la délinquance : il y a moins de criminels parmi les juifs américains ou parmi les Noirs américains catholiques (40 % de moins de criminalité chez eux, alors qu'ils ne sont pas plus riches que ceux d'origine protestante divisés en Églises spécifiques). Lorsqu'on se sent abandonné, on est attiré par les revendications identitaires militantes : les islamistes attirent des jeunes du Nord nés chrétiens qui se sentent aujourd'hui ignorés par le PS. Le Front national recrute dans les milieux délaissés.

Or l'école peut encore œuvrer pour donner aux jeunes le sentiment d'appartenance à une collectivité unie sur l'essentiel. La tendance naturelle des individus est d'appartenir au groupe le plus large possible, qui les protège tout en leur laissant la plus grande marge de liberté possible. Le contrat social selon Jean-Jacques Rousseau s'exerce dans le cadre de la nation. On ne se replie sur un groupe plus étroit qu'en position d'exclusion. Les tensions raciales aux États-Unis se sont aggravées (et la situation objective des Noirs pauvres persiste) depuis que les tendances du « nationalisme noir », des *minority politics* et du *multiculturalism* ont pris le pas sur les *civil rights* et le Parti communiste américain. Les mouvements noirs américains ne sont plus universalistes. Ils ont versé dans ce que Emmanuel Todd, anthropologue et sociologue qui étudie les modèles d'intégration des immigrés notamment, appelle le « différencialisme [1] ». Relevant d'une attitude plus que d'une croyance articulée, il s'agit de percevoir toujours les groupes comme séparés par des différences irréductibles. Ainsi il faut que les Français restent convaincus que leur modèle d'intégration est valable. Il y a une blague qui circule sur « le 93 », banlieue parisienne trop connue aujourd'hui pour ses quartiers pauvres : « Quelle est la différence entre le 93 et Dakar ? Réponse : il y a encore un lycée français à Dakar. » Comme si, sur notre propre territoire, nous nous sentions illégitimes à transmettre notre culture à tous.

Pourquoi d'ailleurs prétendre que devenir français est si problématique alors que le tempérament national est très ouvert ? Certes il n'y a pas d'assimilation sans condition. Mais justement les conditions imposées par les Français sont accessibles à tous : une adhésion affective, culturelle et politique suffit. Toutes choses que l'école transmet à ses élèves. À moins que les tenants du « droit à la différence » n'aient en réalité une telle antipathie pour la France qu'il leur semble déplaisant de la voir assimiler tous les enfants nés sur son territoire.

---

1. *Le Destin des immigrés — Assimilation et ségrégation dans les démocraties occidentales*, Paris, Seuil, coll. « L'Histoire immédiate », 1994.

L'école des ego

Il faudrait cesser de trembler de honte à l'idée de partager le sentiment national français. Il fallait voir Khaled raconter Valmy à ma classe de Quatrième : emporté par l'histoire, il a même fait un geste en l'air comme un jeune soldat de l'An II jetant son chapeau en signe de victoire ! Ce jour-là mes élèves y étaient tous, du Cambodgien au Marocain d'origine, ils ont proclamé la République face aux aristocrates et aux Autrichiens en s'appropriant l'histoire de France. Au moment où j'expliquais l'origine de l'hymne national, Rachida (pourtant une élève peu commode) s'est exclamée que *La Marseillaise* « est une très une belle chanson, madame », exprimant spontanément son désir d'aimer la France (à condition bien sûr de s'y sentir aimée et bienvenue). Lorsque Zohra, élève moyenne, revint triomphalement d'une visite à l'Assemblée nationale où elle avait pu « briller » parce qu'elle reconnaissait tous les événements représentés sur les fresques, j'ai compris qu'il est parfois plus facile d'être fier d'une patrie d'adoption que de celle de ses ancêtres. Pourquoi envoyer au jeune issu de l'immigration le message qu'il est une victime (de la société, du racisme, du passé) plutôt que de l'encourager à devenir un acteur d'une nation où il peut se faire un avenir meilleur ?

8.

La discipline est tabou

Les professeurs et les policiers ont un point en commun : lorsqu'ils relatent les hauts faits de leur travail quotidien, on ne peut s'empêcher de se demander comment ils « tiennent le coup ». Dans le cas de l'école, on peut s'interroger sur l'engrenage qui a produit les conséquences que l'on connaît dans de nombreux établissements.

Tel professeur, alors qu'il attendait tranquillement dans le couloir le début des cours, a reçu un « coup de boule » (coup de tête) au visage lui causant une fracture du nez. L'élève reconnut avoir infligé le coup « sans raison particulière », simplement parce qu'il « était énervé » et que cela « tombait mal » que l'enseignant lui demande de cesser de bousculer tout le monde dans le couloir. Telle autre enseignante a reçu un coup de compas dans la main au moment où elle la posait sur le bureau de l'élève. Au conseil de discipline, les représentants des parents ont accusé le professeur de « maladresse », ce qui expliquerait pourquoi l'élève avait eu ce geste qui lui laissera des séquelles à vie. Plus véniels sont les pneus systématiquement lacérés, les

L'école des ego

habits découpés ou tachés... À force de tolérer ces petites choses, on s'est retrouvé au cœur de la violence, la vraie.

Un élève (sans doute victime d'une mauvaise méthode pédagogique lui aussi) a jeté de l'acide au visage de son professeur de chimie. Les policiers chargés de l'enquête découvrirent que l'année précédente le même avait jeté de l'eau sur un de ses collègues. Selon eux, il eût été préférable de sanctionner sévèrement et clairement ce premier geste qui aurait pu éviter le second ; de fait l'élève n'avait pas été puni.

Nous avions un problème particulier avec un garçon connu de tous, même des professeurs qui ne l'avaient jamais eu en cours. Il était capable de se lever pendant un cours et vitupérer contre le professeur pendant cinq minutes montre en main (pendant que les autres attendaient sagement la reprise du cours). Une collègue, d'une grande gentillesse au demeurant, plus fortement attachée à l'idéologie qu'à la réalité, proclamait que ce qu'il fallait aux élèves c'était un « lieu de parole ». Elle a pu rire d'elle-même lorsqu'on lui fit remarquer que le problème n'était pas de faire parler cet élève mais de le faire taire !

C'est que le discours le plus influent au sein de l'école reste immuable : les jeunes sont des victimes. Ils sont angoissés par le chômage, le racisme. La société ne leur donne aucune chance et donc ils se révoltent, c'est regrettable, mais voilà.

Comment expliquer que des professeurs qui restent dans l'ensemble très exigeants sur les contenus semblent si désemparés lorsqu'il s'agit de disci-

La discipline est tabou

pline ? Ils ne sont d'ailleurs pas les seuls. Il arrive que l'administration, qui veut absolument être appelée la « vie scolaire », se dérobe également. Prenons l'exemple d'une cité scolaire dans la banlieue nord de Paris, tellement difficile qu'elle était dotée de quatre CPE (« conseillers principaux d'éducation », remplaçants des anciens surveillants généraux). De grands conflits de points de vues sévissaient entre eux. Les professeurs qui venaient dans le bureau de l'un des CPE pour lui soumettre le cas d'un élève fautif se voyaient répondre : « Ce n'est pas ma conception de mon rôle d'être répressif. » Moyennant quoi chaque enseignant avait le choix entre reprendre l'élève en cours (où il continuait à empêcher les autres de travailler, où son exemple d'impunité rendait agités d'autres garçons) ou insister pour le mettre à la rue. Aucun des CPE de cet établissement bien doté n'était prêt à faire « le travail que son collègue refusait de faire » et d'organiser une punition au sein de l'établissement.

Une jeune collègue débutante voit arriver un jour dans sa classe un élève avec son vélo sous le bras. Trouvant l'objet encombrant dans une salle de classe, elle émit une ferme objection. L'élève lui répondit sur un ton assuré qu'il avait obtenu la permission du CPE « pour éviter que son vélo ne soit volé ». Passe encore que la « vie scolaire » ne soit pas capable d'éviter les vols au sein de l'établissement (où il y avait pourtant un parc à vélos) ; au moins pouvait-elle « me prévenir, me consulter », se plaignit la jeune enseignante. Ses collègues dans la salle des professeurs eurent un regard compatissant

L'école des ego

et lui expliquèrent en coup de vent la philosophie ambiante : « C'est terrible, ici c'est le chacun-pour-soi. »

Même si de nombreux chefs d'établissement, CPE et professeurs sont individuellement courageux, nous restons collectivement laxistes. Les professeurs, perçus souvent comme corporatistes, font en réalité preuve de très peu de solidarité en matière de discipline. Pourquoi est-ce si difficile pour nous de nous coordonner afin de contraindre les élèves à des comportements respectueux ? Nos mauvaises habitudes sont difficiles à changer parce qu'il existe tout un contexte idéologique qui rend la discipline synonyme de « répression ».

Notre difficulté à sanctionner les jeunes efficacement s'inscrit dans un contexte plus large d'abandon de la sanction qui caractérise aussi, il faut le dire, le système judiciaire. C'est ce que montre cette histoire qui s'est passée dans un collège classé « zone sensible ». Un jeune de quinze ans poignarda un de ses camarades avec un cutter. Le coup manqua de quelques centimètres le cœur de la victime ; elle fut hospitalisée, mais ses parents africains n'osaient pas saisir la justice française : ils étaient en situation régulière mais mal à l'aise avec les institutions. Un policier sur place (qui faisait de la prévention !) arrêta le jeune agresseur sur-le-champ et, en vertu des pouvoirs d'urgence dont il dispose, le chef d'établissement l'exclut parce qu'il « présentait un danger pour les autres élèves ».

Déféré immédiatement devant le juge pour enfants, l'agresseur était, le surlendemain, dans la rue sur le trottoir en face du collège. Raison de sa relaxation avancée par le juge ? C'était son « premier geste de ce type » ! De quel droit faire courir à des enfants le risque de se faire agresser de nouveau par un autre enfant se sentant forcément impuni ? Quel poids le policier qui essaye de faire de la prévention peut-il avoir, alors que les élèves savent qu'un jeune arrêté par lui est relâché le jour suivant ? Si son enfant avait été la victime, Madame le juge aurait-elle voulu que son agresseur le retrouve dès le lendemain ? Quel service rend-on à ce jeune en ne marquant pas la gravité de son acte ? Aux États-Unis, 96 % des victimes de délinquants noirs sont d'autres Noirs : à ne pas policer le ghetto, c'est le ghetto surtout qui est victime des violences. Et l'agressé, lui a-t-on donné raison de rester non violent, lui qui a dû subir les persiflages de son agresseur ?

Si nous ne prenons pas garde d'éduquer les jeunes à temps, nous aboutirons comme aux États-Unis ou en Angleterre à une situation où l'exaspération vis-à-vis des jeunes délinquants est à son comble. Dans ces pays où des mouvements pédagogiques s'opposent vigoureusement à l'administration de quelques bonnes fessées aux enfants, on en vient aujourd'hui à enfermer des jeunes multirécidivistes en prison à perpétuité. Est-ce là la meilleure façon d'éviter l'« exclusion des jeunes » ?

Une tendance de la culture ambiante « pour jeunes » fournit souvent, hélas, un alibi aux comportements délinquants. Si on étudie de près les mots proférés dans certains morceaux de rap, l'apologie de la violence et du chacun-pour-soi est inquiétante. En faisant la critique avec les élèves, on constate qu'ils ne perçoivent pas toujours à quel point les incitations au crime sont réelles. Souvent les élèves s'imaginent que le « rappeur » se révolte contre l'injustice sociale. Pourtant, contrairement aux révolutionnaires, les vociférations à la mode ne défendent pas un projet de société. Elles vantent plutôt l'enrichissement sans effort et expriment du mépris pour ceux qui travaillent. Cette confusion entretenue entre révolte sociale et délinquance fait des ravages. Elle atteint non seulement les élèves — qui font mal le tri —, mais elle conduit aussi les éducateurs à percevoir des comportements inadmissibles comme de compréhensibles rébellions.

Quel rôle jouent les parents ? Dans le cas où les parents de quelque milieu que ce soit élèvent bien leurs enfants, les enseignants peuvent alors se consacrer à l'instruction. Dans le cas inverse, il y a différents cas de figure. Plus les parents sont de milieux bourgeois, plus ils couvrent les turpitudes de leurs enfants par tout un savoir-faire procédurier. Quoiqu'il faille nuancer : la contestation devient plus courante de la part des milieux populaires encouragés en cela par le discours ambiant venant souvent du ministère de l'Éducation nationale lui-même. Les parents savent très bien trouver la faille éventuelle du professeur, et formuler dans les termes à la mode la justification du comportement de leur enfant. Ce n'est pas toujours simple d'ailleurs de faire la part du feu. Le réflexe de protéger un collègue qui a agi à tort existe. En tout cas, l'idée que la discipline à l'école permet à l'élève d'acquérir une nécessaire maîtrise de lui-même n'est pas assez partagée entre « membres de la

La discipline est tabou

communauté éducative » (pour employer un terme prisé par le ministère et les associations de parents). À quoi sert d'ailleurs une telle « communauté » si ce n'est pas à collaborer à la bonne discipline des élèves ?

Les situations rencontrées avec les familles d'origine modeste sont plus variées. Les écoles, les services sociaux ne valorisent pas toujours les parents qui élèvent bien leurs enfants s'ils emploient des méthodes traditionnelles considérées comme dures. Maintes mères de famille africaines ou maghrébines se sont plaintes auprès de moi, m'obligeant à prendre conscience d'un phénomène répandu. Ces mères parlent de l'humiliation qu'elles ressentent lorsque des assistantes sociales « viennent mettre le nez dans nos affaires et insinuent qu'on maltraite nos gosses simplement parce qu'il arrive qu'on leur mette une bonne claque », me dit l'une d'entre elles. À supposer que la « manière forte » n'est pas toujours celle qu'on aurait employée soi-même, est-on pour autant en droit de déposséder les parents de milieux populaires de leur devoir d'éduquer ? Ne fait-on pas plus de dégâts auprès des enfants en leur donnant à voir que les adultes de l'école désapprouvent leurs parents ?

Il y a, c'est vrai, des parents qui tapent sur leurs enfants à tort et à travers. Le résultat est très contre-productif. En effet, ces enfants très agités ne craignent que les coups et les sanctions perdent leur sens. C'est un vrai problème, mais l'école et les services sociaux ne distinguent pas toujours la violence abusive subie par les enfants d'une sévérité parentale bienveillante.

L'école des ego

L'agressivité quotidienne qui sévit dans certains établissements n'est acceptée par aucun parent, la seule différence étant que certains ont les moyens de partir et que d'autres restent coincés sur place, supportant les boucles d'oreilles percées jusqu'à la déchirure, ou les élèves agressés... parce qu'ils ont de bonnes notes. Un père de famille guinéen expliquait son choix de mettre son enfant à l'école privée par le fait qu'il estimait qu'il y avait trop de gros mots tolérés à l'école publique. Ce qui est très usant au quotidien, ce sont les jeunes qui ne savent s'exprimer qu'en criant, dont une phrase proférée sur deux est une insulte (« grosse poufiasse »), une obscénité (« va vite te faire mettre un gros pétard dans le c..., pauv' meuf ») ou simplement des familiarités agressives (du type « ça va pas non ! ») à tout bout de champ. Or nous ne réagissons pas assez aux écarts de langage dans les établissements scolaires. Ce serait très fastidieux de reprendre les choses en main, mais sans doute ensuite nous y gagnerions en sérénité.

Souvent, les parents d'enfants qui se comportent mal nous supplient d'être plus sévères. Demande irritante pour le corps enseignant qui estime, à juste titre dans l'absolu, que c'est aux parents d'éduquer leurs enfants. Mais dans certains milieux, bien se tenir en collectivité et rester concentré sont des acquisitions attendues de l'école. Il n'est pas certain que nous répondions à l'heure actuelle à cette attente.

La difficulté à discipliner les garçons, tout particulièrement, s'inscrit dans un contexte plus général de crise de l'identité masculine. Certes il y a des

La discipline est tabou

filles très délurées voire agressives. Une collègue marseillaise raconte les quatre cents coups d'une bande de filles qui rackettaient les plus jeunes, même des gamins de primaire. Au moment de leur arrestation, l'une d'entre elles a mordu le policier qui s'est alors décidé à lui mettre les menottes. Cependant la délinquance juvénile qui grimpe concerne encore à 90 % les garçons.

Si un homme fait preuve d'une fermeté toute masculine pour discipliner quelques garçons, il peut se retrouver bien seul. Tantôt ce sont les mères qui seront vindicatives, tantôt les collègues, hommes ou femmes, qui n'admettront pas un style jugé « archaïque ». Ainsi un collègue d'éducation physique empoigna un jeune enquiquineur qui bousculait et tapait sur ses camarades. La mère du jeune homme entama un procès pour « sévices à mineur ». Si les collègues le soutinrent, ainsi que les parents de ses camarades, face à la démarche procédurière de la mère, l'Éducation nationale se fit très molle.

L'opprobre tombe sur l'homme mûr qui essaye de canaliser un jeune garçon, parce que l'esprit du temps semble condamner ce que les psychanalystes appelleraient la « figure du père ». Un homme adulte a bien du mal à faire en toute simplicité un geste de discipline ordinaire auprès d'un garçon qui fait l'andouille, le saisir tranquillement mais fermement par le col par exemple. Les femmes, très nombreuses dans l'Éducation nationale, ont une tendance à dramatiser à tort ces gestes. On voit de la brutalité alors qu'il s'agit simplement d'arrêter le chahut. On voit de la délinquance chez un garçon simplement agité par une montée hormonale prin-

L'école des ego

tanière. Les bagarres, les bousculades n'ont rien de grave en elles-mêmes et pourtant bien sûr il faut y mettre fin. Souvent le personnel féminin des établissements scolaires perd un temps fou en considérations verbeuses sur la montée de la violence. Leur discours emprunte à telle idéologie libertaire ou au contraire s'en prend à un laxisme ambiant qui disparaîtrait si un homme faisait tout simplement preuve de fermeté.

Pour illustrer cette tendance à dramatiser des comportements puérils, voici — encore — un cas. Un élève de Sixième illettré était reçu dans le bureau de la principale adjointe pour convaincre les parents de le mettre dans une école spécialisée. Leur consentement étant indispensable, ils devaient comprendre l'enjeu. Or l'adjointe s'est mise à digresser sur le fait que l'élève « devenait violent », montant en épingle un incident (l'élève un peu gros s'était vaguement bagarré avec un autre qui l'avait appelé « Bouboule »). Cette anecdote avait fini par être présentée avec autant de pathos que le fait que cet enfant de onze ans révolus ne savait ni lire ni écrire.

Tandis que certains garçons semblent s'éteindre dans un monde scolaire féminisé, on voit se développer des comportements sexistes parfois détestables, de la part des jeunes Maghrébins notamment. Des garçons d'un établissement technique ont chahuté l'inspectrice venue vérifier le travail du professeur, au prétexte qu'elle était une « nana », et l'ont empêchée physiquement d'entrer dans la salle. Aucune sanction ne fut prise parce qu'on ne voyait pas quoi faire. En revanche le collègue en charge

La discipline est tabou

de la classe fut bien noté par l'inspectrice qui jugeait qu'il avait du mérite à affronter chaque jour de pareils monstres !

Un débat ancien divise ceux qui prônent le rôle éducatif de l'école et ceux qui prétendent que l'école ne s'occupe que d'instruction. La philosophe Hanna Arendt a tout dit là-dessus. L'éducation sans objectif de savoir verse rapidement dans un moralisme stérile. Et, avant elle, Rabelais ne disait-il pas : « Science sans conscience n'est que ruine de l'âme » ? S'il paraît impossible d'instruire sans discipliner et stupide de discipliner sans instruire, il reste un problème pratique aux enseignants. Les enseignants n'arrivent pas à assumer le rapport de force avec les élèves agités. Chacun a son excuse. Les « pro-instruction » prétendent que ce n'est pas à eux d'éduquer les enfants. Les « pro-éducation » veulent appliquer des méthodes qui ne marcheront pas.

En effet, selon un certain optimisme pédagogique, en cultivant l'autonomie et l'initiative personnelle de l'enfant, on accomplirait tellement plus qu'en le dirigeant. En ce qui concerne les élèves issus de milieux mal éduqués, c'est malheureusement faux. Laisser quelqu'un d'indiscipliné à lui-même, c'est précisément cela : le livrer à lui-même. On fait l'impasse sur l'origine sociale de l'autodiscipline. Le degré de motivation scolaire et d'autonomie est le fruit de l'éducation des parents. Voilà l'inégalité la plus fondamentale : l'enfant aimé et bien élevé de milieu ignorant peut s'en tirer, l'enfant mal aimé et négligé de milieu instruit est

L'école des ego

saboté, mais l'enfant mal aimé et négligé de milieu ignorant est en perdition.

Tout bien pesé le débat sur les méthodes faisant plus ou moins appel à l'autonomie de l'enfant est oiseux : aucun professeur ne veut autre chose au fond que d'enseigner à des enfants autonomes, curieux et motivés. Le problème, c'est que faire avec les autres ? Les comportements bêtes prennent rapidement des allures agressives, dans un milieu scolaire qui refuse de les sanctionner. Au fond, la violence que ressentent les éducateurs est celle qu'ils doivent se faire pour discipliner les élèves.

Les professeurs et le système du secondaire ne proposent comme moyen d'encadrement des mauvais élèves que la présence de bons élèves. C'est optimiste de croire que la sagesse de certains élèves aura le pas sur l'agitation des autres et non l'inverse ! Alors même qu'ils peuvent avoir des comportements qui épuisent et découragent tout leur entourage, les élèves « en difficulté » seraient victimes de la « violence institutionnelle ». Ce terme récurrent suggère qu'il y a des comportements exercés au nom de l'institution qui font violence au jeune. Il serait humilié, il perdrait confiance en lui-même. Pourquoi utiliser un terme qui met en cause toute l'institution ? Pourquoi ne pas parler d'erreur humaine du professeur, de maladresse — ou même de faute professionnelle si le comportement du professeur a été odieux ? Parce qu'il y a cette mouvance d'idéologues de gauche qu'on a déjà vus à l'œuvre et qui se plaisent à dénoncer l'école. On s'imagine que les professeurs auraient une tendance suspecte à vouloir du pouvoir sur les « jeunes ». C'est tout à

La discipline est tabou

fait faux : souvent les professeurs n'arrivent même pas à exercer une autorité légitime.

Un sain principe d'éducation sur lequel la collectivité pourrait aisément tomber d'accord, me semble-t-il, est que rien ne justifie la violence. Ni le fait d'avoir été victime de la pauvreté, de la négligence, du mépris, ni même de la violence. Guy Coq, philosophe, l'a très bien noté : le violent justifie toujours son acte par une violence qu'il aurait subie auparavant. Une confusion courante existe dans la pensée et le discours libertaire entre sanction et violence. Toute sanction n'est violente ni par sa forme (retenir un élève au collège et lui faire balayer la cour) ni sur le fond (pour qu'il arrête de casser le matériel collectif).

Il faut sanctionner sereinement, proportionnellement, les écarts de conduite pour tracer les limites entre bien et mal, entre le permis et l'interdit, que tout enfant cherche. Il faut aussi, c'est certain, être un modèle de comportement : ne pas arriver en retard si on veut que les élèves soient assidus, châtier son langage. Pour certains, comme par exemple ce professeur de littérature qui joue au jeune artiste créatif, ce rôle d'éducateur improvisé ne convient pas. Généralement un professeur a aimé l'école et ne comprend pas les élèves qui y sont rétifs. Les multiples stages sont organisés par des gens qui sont devenus spécialistes de la formation des professeurs pour échapper aux élèves. Dès lors, il n'est pas surprenant que leurs contenus soient peu convaincants.

Face aux comportements agressifs, l'Éducation nationale a trouvé la solution : elle organise de nombreuses réunions sur l'« apprentissage de la citoyenneté », ou sur la « violence en milieu scolaire ». C'est à souligner : on n'utilise *jamais* le mot « discipline ». « La violence en milieu scolaire » signifie d'ailleurs, comme ne manquent jamais de le faire remarquer longuement les intervenants, que l'école exerce aussi une « violence » sur les élèves. Il y a toujours un petit couplet sur l'origine sociale de la violence qui serait le « résultat des injustices sociales, de la pauvreté, du chômage ». Donc il est clair que la « vraie solution » c'est de mettre fin à la pauvreté et au chômage. Ce qui signifie quoi ? Qu'en attendant, nous sommes illégitimes à vouloir discipliner des jeunes d'origine modeste ? Nous devons toujours battre notre coulpe ou, encore mieux, constater avec un petit ton de désolation dans la voix que vraiment il y a des collègues qui ont un « mauvais rapport » avec les jeunes ?

Le professeur qui faiblit ou qui « craque », comme on dit, et qui crie sur un ton trop dur, sa frustration lui échappant, des choses irréfléchies, crée sans doute des tensions (qu'il paie lui-même très chèrement d'ailleurs). Pour mieux faire de la discipline, chacun serait obligé de définir et analyser son propre comportement.

Un conseiller pédagogique d'éducation avec lequel j'ai travaillé a élaboré une réflexion constructive sur la notion de sanction. Celle-ci doit toujours être proportionnelle à la faute, doit toujours être expliquée. Sur la base de sa propre pratique, il constate qu'une petite sanction très solennelle vaut mieux que quelque chose de très lourd expédié trop vite, sans explication, et qui prend ainsi l'allure

La discipline est tabou

d'un règlement de compte de la part d'un professeur exaspéré. Chaque sanction doit être annoncée par avance comme correspondant à un comportement bien précis.

Des règles disciplinaires supposent dès lors une « culture d'établissement », ce qui signifie que partout les mêmes écarts provoquent les mêmes sanctions. Par exemple il faut décider pour toutes les classes si le chewing-gum est permis ou interdit et s'y tenir. De ce point de vue, la mode des « contrats » signés avec les élèves, où ils promettent d'être sages désormais, est très critiquable. Il faut que les élèves apprennent que la loi s'impose par définition, qu'ils aient signé un papier ou non. On ne négocie pas individuellement avec les élèves, mais les procédures de vote collectif de certaines règles peuvent être bienvenues. Encore qu'il faille éviter le gadget. Quatre-vingts pour cent au moins du contenu d'un règlement intérieur est imposé par les lois, circulaires, décrets. À condition d'être pensée et appliquée avec méthode et juste mesure, la sanction est un instrument d'intégration dans la collectivité ; tout élève ayant accompli la sanction rejoint le groupe, la faute n'ayant été qu'un écart réparé et effacé par la sanction.

Par-dessus tout, il faut continuellement expliquer aux élèves que la discipline qu'on lui impose n'a qu'un seul but : lui permettre d'acquérir un savoir. Au lycée professionnel, notre CPE répète inlassablement aux élèves qui expriment leurs craintes pour l'avenir qu'être un chômeur instruit vaut mieux qu'être un chômeur ignorant. Le savoir étant la clé de toute discipline scolaire, celle-ci perd son carac-

L'école des ego

tère arbitraire. Ainsi il ne faut jamais dire aux élèves : « Si vous êtes sages nous irons au musée », il faut dire : « Vous devez être sages car vous allez au musée ». Il n'y a pas de dichotomie entre éducation et instruction, mais complémentarité absolue.

L'Éducation nationale a terriblement besoin aujourd'hui d'une pensée renouvelée et assumée sur la discipline. Et pourtant, une de mes collègues est récemment venue voir l'inspecteur qui organisait la réunion sur la notion de sanction. Elle était couleur pivoine : elle trouvait insupportable d'avoir eu à « subir cette façon de n'envisager que la sanction avec les élèves, il y a d'autres façons de faire, tout de même ». Une autre enseignante, tout autant en colère, accusa au contraire le CPE de laxisme parce qu'il constatait que les exclusions de l'établissement de certains élèves étaient contreproductives. Ayant bénéficié du travail de ce CPE dans l'établissement où je travaillais, je l'ai défendu en faisant valoir que l'assiduité des élèves s'était améliorée de 70 %, qu'il avait fait de véritables petits miracles avec des élèves coriaces, que les enseignants pouvaient toujours compter sur lui, etc. L'inspection répondit vaguement que tous les points de vue devaient pouvoir s'exprimer... ! Nous ne sommes pas près de sortir du tunnel, car l'absence de réaction commune face à la violence des élèves donne le même résultat que lorsque le père et la mère dans une famille ne sont pas d'accord.

La vocation d'instruire les jeunes est une qualité à préserver chez les enseignants français, une partie pourtant de l'agitation de certains élèves vient de ce qu'on leur demande de suivre des contenus trop

La discipline est tabou

difficiles ou qui se déroulent trop vite pour eux. Pour mieux tenir une classe, le professeur doit ralentir le rythme, baisser le niveau d'exigence. Or l'enseignant français vit — mal — une tension extrême entre le niveau intellectuel élevé qu'il veut donner à ses élèves et la difficulté qu'il a à canaliser ceux qui ont des capacités très limitées de concentration. Parfois les enseignants se réfugient derrière l'alibi à la mode selon lequel il faut « changer les méthodes pédagogiques ». C'est un camouflage de la réalité : il faut simplifier les contenus. Mais le professeur ne veut pas « faire une classe de niveau », et maintient ses exigences tant bien que mal. Cela n'a rien d'antipathique, au contraire il y a quelque chose de courageux dans son obstination. Mais il ne se simplifie pas la tâche.

Souvent, vis-à-vis d'élèves très agités, on imagine toutes sortes de besoins en psychologues, en spécialistes, en « cadres adaptés », en heures passées à discuter longuement avec l'élève « souffrant ». Certes l'État, on le sait bien, ne veut jamais donner les « moyens ». Les solutions disciplinaires simples sont évitées. Cela étant, il y a un domaine dans lequel l'État s'est effectivement déchargé sur le collège unique. Il ignore les rares — mais réels — « cas sociaux ». Je pense par exemple à ce gosse de douze ans en Sixième ; son dossier de primaire signalait le plus discrètement possible qu'il était impossible de le garder en CM2 malgré son faible niveau. Un post-it gribouillé au crayon indiquait qu'il était « suivi par la police judiciaire ». Le gosse ne tenait pas en place ; il fallait le voir, exclu du cours qu'il sabotait sans vergogne, grimpant littéralement aux murs de

L'école des ego

la cour comme un tigre en cage, cela faisait mal à voir. Il avait souvent sur lui des dollars que sa mère, danseuse légère à Pigalle, lui donnait en guise d'argent de poche. Il n'avait pas de père. Le renvoyer dans un autre collège ordinaire (comme on l'a fait), qui ne manquerait pas à son tour de l'exclure illico, c'était le promouvoir au rang de chef de gang avant l'âge de quinze ans. Il y a des cas où les élèves sont exclus sept, huit fois de suite voire plus en quelques années et deviennent de véritables nomades scolaires. Une mesure simple et utile serait d'envoyer dans des centres spécialisés les élèves exclus plus d'un certain nombre de fois.

La Madison Home for Young Men était une maison de réhabilitation de jeunes délinquants américains dans les années 20-30 aux États-Unis. Les jeunes égarés sociaux d'alors n'avaient rien à envier aux jeunes de banlieue d'aujourd'hui et il y avait davantage de chômage. Cette maison était tenue par mes arrière-grands-parents. Le succès de cette institution (mise à l'écart en zone semi-rurale des délinquants urbains, vie quasi monacale, inlassable discours de morale et études professionnelles assez poussées) m'a fait réfléchir à ce qu'il faut faire. Une sévérité bienveillante est infiniment plus secourable qu'une mollesse bien pensante : on ne négocie pas, mais on explique en permanence sa sévérité rigoureuse, constante. Trente ans plus tard, les anciens pensionnaires venaient encore remercier mes grands-parents pour tout ce qu'ils avaient fait pour eux, racontaient leur emploi, montraient les photos de leur famille.

Ce sont les élèves des établissements dans les

La discipline est tabou

quartiers populaires qui sont le plus victimes du tabou actuel sur la discipline. Alors que le mot exclusion est employé régulièrement, nous ne faisons pas le nécessaire pour intégrer tout le monde à la collectivité. Pourquoi l'attitude stricte mais sereine — assez simple au fond, faite de la patience et du dévouement que donne la conviction qu'on peut remettre des égarés dans le droit chemin — est-elle trop peu répandue aujourd'hui ?

9.
À chacun selon ses capacités ?

Dans un collège en proche banlieue parisienne, une petite Cinquième dont les parents viennent d'arriver en France jette un regard sur la carte murale que j'accroche et dit candidement : « C'est quoi tout ce bleu ? » C'est volontiers que je lui explique cela, mais dans la même classe il y a une gamine prête à apprendre la composition et le commentaire de texte. Que dois-je faire ? Si je dis à la gamine de bon niveau de sortir son livre et de faire tel exercice, elle le fera sans doute, même si cela commence à ressembler davantage à un cours par correspondance qu'à un contact direct avec un professeur. Quid des garçons goguenards qui savent ce qu'est le bleu et trouvent la situation hilarante ? Ceux-là, ils ne travailleront que si toute la classe est à l'unisson sous ma férule.

Allez réclamer un minimum d'homogénéité de niveau des classes et vous entrez en conflit avec une bonne partie de vos collègues. Un professeur de maths qui trouvait que l'hétérogénéité de sa classe de vingt-huit élèves était trop extrême se fit accuser d'élitisme par un professeur de latin qui avait la moitié de son service avec des groupes d'une dizaine de bons élèves. La principale adjointe, anciennement professeur d'EPS, lui dit qu'il fallait qu'il prenne exemple sur les méthodes pédagogiques développées en sport et qu'il laisse chaque enfant aller à son rythme. Il est arrivé qu'on annonce : « On va vous disperser, vous êtes trop bons » à une classe de germanistes qui se sentaient un peu punis.

Au cours d'une discussion à couteaux tirés lors de laquelle j'essayais de défendre des solutions plus réalistes, une collègue me fit cette réponse magistrale : « Le réalisme c'est le début du fascisme » ! Discuter avec des collègues de gauche est une épreuve. Mais débattre avec des gens de droite est tout aussi désespérant : en gros « le » problème de l'Éducation nationale c'est qu'elle coûte trop cher et que les professeurs ont trop de vacances et font trop la grève. Accessoirement, certes, le collège unique, ce n'est pas une bonne idée mais ce n'est pas grave : « On a acheté un studio dans un quartier avec un bon collège pour y inscrire notre fils. On a même revendu le studio un peu plus tard avec, ma foi, une petite plus-value. Alors, pour l'instant, on s'en sort. » On peut écrire des livres entiers sur ce que la gauche pense de l'école ; ce qu'en pense la droite se résume en trois lignes.

Peut-on résoudre toutes les inégalités entre élèves par une pédagogie adaptée ? Par un tour de magie, l'excellent pédagogue peut-il faire échapper les jeunes au déterminisme social vis-à-vis du savoir, de l'école, du professeur ? Ceux qui plaident pour l'hétérogénéité des classes vous expliquent qu'il y a une

À chacun selon ses capacités ?

panacée : la pédagogie différenciée. Pourquoi mettre tout le monde dans la même classe si ce n'est pas pour leur faire étudier la même chose ? Peut-être est-ce à la portée du pédagogue de génie, toutefois il est sans doute plus réaliste d'organiser le système scolaire pour le pédagogue ordinaire, celui qui fait le boulot.

Trop souvent les professeurs qui réclament l'hétérogénéité de leurs classes trouvent là un moyen d'éviter de s'occuper des plus faibles. On entend le terme « diluer » les mauvais élèves dans une classe « normale », et nous ne sommes pas loin de noyer les problèmes (et les élèves à terme). Or, les élèves en difficulté deviennent d'autant plus perturbateurs qu'ils n'arrivent pas à suivre. Ils peuvent aussi être mis en minorité (et c'est souvent le but recherché), réduits au silence. Nous attendons alors qu'ils s'en aillent « ailleurs ».

Mais alors, pourquoi ne pas les mettre dans une classe à leur niveau ? Parce que c'est un tabou. Parce qu'on refuse de se « coltiner » la mauvaise classe. La conscience que les inégalités sont d'origine sociale n'amène pas toujours les collègues à la patience et à la sérénité nécessaires pour encadrer des enfants scolairement faibles.

On peut objecter que le primaire réussit l'hétérogénéité, pourquoi pas le secondaire ? Mettons de côté le fait que le primaire ne réussit pas parfaitement non plus, dans la mesure où il y a des quartiers où la grande concentration d'élèves faibles pose de sérieux problèmes. Mais de toute façon tous les élèves ont besoin de savoir lire, écrire et compter.

L'école des ego

La culture de l'école primaire est la seule qui soit vraiment « commune » à toute la nation et la seule qui ait besoin de l'être. Est-ce à dire que la culture du secondaire ne doit pas être mise à la disposition de tous ? Si, bien sûr, mais dans la mesure des capacités de chacun.

Or les professeurs français sont persuadés que ce qui est bon pour l'élite est bon pour tout le monde. Fondement philosophique universaliste juste en son principe, en pratique cet état d'esprit mène à des exigences très dures à vivre pour certains élèves. Dans leur majorité je pense, les professeurs du secondaire en France choisissent plutôt de « larguer » les plus faibles, la médiane qu'ils trouvent pour une classe restant suffisamment élevée pour que les meilleurs aient encore un effort à fournir.

On doit encore au collège pratiquer une hétérogénéité relative, mais déjà certains élèves ont besoin qu'on leur consolide les bases du primaire et ne pourront aller plus loin que progressivement dans un autre cadre. On peut faire arriver un jeune au bac professionnel qui équivaut à un niveau de primaire bien consolidé et un niveau de secondaire convenable, alors qu'au collège unique il aurait stagné voire régressé. En pratique, souvent dans les collèges ZEP notamment, on ne fait ni de la bonne consolidation du primaire ni du bon secondaire : on bricole.

L'élève faible placé dans une classe globalement trop forte pour lui reçoit quotidiennement le message de son insuffisance. S'il fait le gros dos, il finit par passer tout de même dans la classe supérieure. S'il désespère, il quitte l'école sans diplôme et sans

À chacun selon ses capacités ?

qualification. Parce qu'on n'a pas le courage de dire à un élève qu'il n'a pas le niveau pour telle classe, on ne le met pas là où il pourrait connaître un minimum de réussite. On préfère lui faire subir le supplice du cancre attitré.

Prenons maintenant le cas de figure où le nombre d'élèves faibles est en réalité majoritaire, c'est le cas des établissements fortement ghettoïsés. L'hétérogénéité signifie alors que le bon élève est obligé d'être la « locomotive » d'un train entier de cas sociaux ! Souvent d'ailleurs, ce sont les élèves moyens de bonne volonté qui sont les plus sacrifiés. Sans pour autant tirer d'affaire les élèves faibles !

Souvent les équipes pédagogiques tiennent à éviter l'étiquette de « bonne classe » et surtout de « mauvaise classe ». On pense que le label « classe faible » peut agir sur la confiance en soi de chaque élève (et donc sur sa performance) et que l'étiquette « bonne classe » peut rendre certains élèves présomptueux. Pourtant les bonnes classes ne sont pas toujours insupportables et les classes faibles ne sont pas toujours mal vécues. Mais au fond, est-ce que le critère de la formation d'une classe doit être le confort moral du professeur ? En l'absence de classes par niveaux là où il en faudrait, il se dessine une carte d'établissements par niveaux.

L'école présente donc comme normal le niveau le plus élevé. N'est-ce pas là un effet néfaste de l'élitisme égalitariste que d'envoyer le message social que tous ceux qui ne sont pas au plus fort niveau sont... des retardés ?

D'ailleurs, revers de la même médaille, le système français n'envoie pas assez le message de réussite à

L'école des ego

tous ses élèves. Une mère américaine ayant épousé un Français se réjouissait de la richesse des contenus enseignés au lycée de son fils. Elle remarquait cependant et à juste titre que les professeurs valorisent mal et les élèves et leur propre enseignement. Puisqu'il est normal d'être excellent, on ne congratule guère les bons élèves. Ils sont souvent mieux valorisés dans des établissements où l'on est content d'avoir une bonne classe parce que les autres sont plus faibles. Dès que tous les élèves sont bons, il y a une tendance automatique à les classer et à dégager coûte que coûte des cancres.

Cette relative dureté de la tradition scolaire française s'adoucit, mais il en reste énormément de traces. Or les parents le supportent de moins en moins (y compris lorsqu'ils sont eux-mêmes professeurs). La frustration qu'engendre la non-reconnaissance des capacités des enfants à tous les niveaux pousse les parents à souhaiter que les professeurs « changent de méthode pédagogique ». Or souvent ce n'est pas la démarche des professeurs qui gêne les parents, mais le ton employé dans l'appréciation des enfants. Les instructions de Ségolène Royal sur les formules à inscrire dans les bulletins avaient quelque chose de pathétique. On ne peut pas dicter aux professeurs les formules exactes qu'ils doivent employer ! Il n'empêche qu'elle se faisait l'écho d'une réalité : le jugement à l'emporte-pièce ou routinier des professeurs n'est plus accepté par les parents.

Certains pensent que le collège unique doit se prolonger jusqu'à seize ans pour éviter justement l'exclusion des élèves faibles. Mais exclusion de

À chacun selon ses capacités ?

quoi ? De la jeunesse prise comme une globalité abstraite ? La réalité c'est que les jeunes sont très divers, à l'image des quartiers où ils vivent. Faire de la sélection scolaire dans les quartiers les plus démunis n'est-il pas au contraire le meilleur moyen de rapprocher des jeunes de milieux différents ?

Le sociologue François Dubet prétend que les bons élèves ne sont pas sacrifiés dans un collège rabaissé. La prolongation indéfinie des études ne diminue pourtant pas les inégalités. Aux États-Unis, 70 % d'une classe d'âge vont à l'université pour suivre des études *undergraduate* qui sont au niveau des études secondaires françaises actuelles (y compris les voies technologiques). Parmi ces 70 %, certains suivent des cours de remise à niveau correspondant aux bases du collège en France. On parle de *non-reader graduates* pour désigner les élèves de dix-huit ans qui sortent du système secondaire sans savoir lire. Réaction ? On encourage leur entrée en université parce qu'on a constaté qu'enfin ils y apprenaient à lire ! Il n'y a pas moins d'inégalités : entre une très bonne université privée et une modeste université locale publique, les différences sont extrêmes. Cette prolongation généralisée des études « à l'américaine » coûte de surcroît très cher à la collectivité et aux individus.

À vouloir « faire du chiffre » (avoir un grand pourcentage de reçus au bac coûte que coûte) plutôt que de se soucier de la qualité de ce qui est proposé, on commet des erreurs. Si dans tel quartier seuls 30 % des élèves arrivent au bac général, 50 % à des bacs professionnels et 20 % à d'autres formations, où est l'échec de l'école ? En revanche,

L'école des ego

si dans l'établissement situé dans un quartier modeste on force le passage au lycée à des élèves qui ne devraient pas y être, les conditions de préparation étant abaissées, le bon élève sera désavantagé, a fortiori si on met le bac au contrôle continu.

Les préjugés dans le milieu scolaire restent virulents. Orienter les élèves « en fonction des besoins des entreprises » fait ainsi à nombre de professeurs le même effet que si vous leur demandiez de recruter les élèves comme soldats pour aller à la guerre. Qualifié, capable d'entreprendre, de produire ? On n'y pense pas, tout simplement. Des élèves qui, à seize ans ou avant, veulent faire quelque chose à leur portée, ont souvent leurs ailes coupées. Un assez bon élève dans ma classe de Troisième voulait absolument devenir pâtissier. Il avait raté l'examen d'entrée de l'école de cuisine qu'il voulait et se trouvait inscrit en deuxième place sur une liste d'attente. Les professeurs, déçus qu'il ne soit pas reçu, s'exclamèrent sur un ton indigné : « Mais alors, qu'il aille en Seconde générale, c'est vrai quoi ! » C'était à la fois de leur part un signe de reconnaissance de l'intelligence du jeune homme, et en même temps leur réaction montrait un souverain mépris pour sa vocation. L'histoire finit bien puisqu'il fut pris en définitive dans l'école de son choix. Mais pour tous ceux qui sont moins sûrs de ce qu'ils veulent ou peuvent faire, qui ont besoin d'être un peu guidés, la perception courante et les réactions ordinaires des enseignants provoquent bien du gâchis. On a pu lire sous la plume d'un professeur de philosophie que « le départ en apprentissage d'un élève était un échec de l'école ».

À chacun selon ses capacités ?

Ce que la France doit apprendre à mieux faire, ce sont les voics médianes de formation. Parfois, en maintenant un niveau de connaissances trop abstraites, on élimine les gens plutôt que de les former. Tout le monde sait par exemple que l'entrée dans les écoles vétérinaires (plus sélectives qu'en médecine) est si restrictive que la France du Nord a recours aux vétérinaires belges pour combler la pénurie.

Un exemple illustre l'écueil typique du système français. Un jeune homme avait une véritable vocation de preneur de son ; en France il était obligé de passer un bac S, puis de préparer un concours pour une école d'ingénieur du son. Cette préparation aurait fait de lui littéralement un ingénieur au sens américain (où le mot désigne davantage une fonction alors qu'en France c'est d'abord un titre) c'est-à-dire quelqu'un capable de concevoir des machines de prise de son, de les améliorer. Cependant, sa vocation était juste celle de preneur de son. Il finit par aller aux États-Unis où la formation technique et pratique, sur la base de sa bonne ouïe, lui a permis d'accéder au métier. L'exemple montre que l'esprit du système français est de toujours viser l'excellence, de forger l'élite, mais jamais de viser l'utile et de forger des gens simplement compétents. La tendance française est de sélectionner non pas ceux qui peuvent faire tel ou tel métier, mais les meilleurs, ceux qui pourraient tout faire.

Le fonctionnement actuel des filières générales dévalorise d'ailleurs de plus en plus un pan entier de la culture générale, à savoir les capacités littéraires, reconnues et même réclamées par les responsables économiques. Pour décrire exactement l'anatomie (en 1935 d'ailleurs il fallait surtout faire du grec et du latin pour faire médecine), bien savoir rédiger est plus important que les maths qui servent encore de critère de sélection en médecine. Le vocabulaire acquis en s'inspirant de Victor Hugo ou de Marivaux forme mieux les élèves de STT à rédiger de bonnes lettres commerciales que leurs cours de gestion, dont le vocabulaire étroit est trop conceptuel et où les tournures de phrases sont toujours les mêmes.

Mais chez nous, un savoir utile a quelque chose de louche. Le dynamisme américain tient beaucoup au goût pour les savoirs concrets applicables, exploitables économiquement. Qu'une bonne formation générale permette au citoyen de mieux comprendre le monde qui l'entoure est indéniable, mais on peut se demander si malgré ces bons principes notre système scolaire ne crée pas des Frankenstein. Beaucoup d'élèves passent en S parce que la filière est synonyme de voie royale ; ils rédigent mal et n'attachent plus aucune importance à la rédaction puisqu'ils sont dans une filière où tout leur semble déterminé par les maths. Ils ne sont pas pour autant de véritables physiciens ou matheux. Ils avaient refusé les filières technologiques pour une question d'image sociale, non par soif de savoirs abstraits. Ils ne deviennent pas par la suite des scientifiques alors que peut-être ils seraient devenus de bons techniciens. Au lieu de quoi on peut les retrouver en première année d'économie par exemple, où ils sont éliminés massivement, ne sachant ni rédiger ni faire vraiment les modélisations mathématiques nécessai-

À chacun selon ses capacités ?

res. À force de présenter le bac S comme un sésame, trop d'élèves s'imaginent que le diplôme leur ouvrira la caverne d'Ali Baba. L'ambition est une bonne chose, encore faut-il évaluer justement celle de nos élèves.

Un nouveau vocable est né à l'Éducation nationale, celui de « culture commune ». Pas culture générale, non, « culture commune ». Pourquoi ce terme nouveau ? Parce que la culture générale peut être plus ou moins bonne d'un individu à l'autre, alors que la « culture commune » signifierait que tout le monde possède la même. La résonance est plus égalitaire. Mais c'est une pure résonance. Pour autant cette notion n'est pas précisée.

La notion de « culture commune » est floue parce qu'on refuse de penser clairement la différenciation juste et équilibrée des filières. Il existe par exemple une culture générale technique qui fait que le bon technicien va comprendre vite des données techniques.

Dans les filières professionnelles, la culture générale est plus étroitement liée à leur vocation professionnelle. Les savoir-faire de la mode, de l'hôtellerie, des métiers d'art contribuent fortement à la qualité de la vie, font partie du niveau d'une civilisation et forment la culture des filières professionnelles. On maintient dans les filières technologiques et professionnelles un enseignement allégé dans les matières classiques littéraires ou scientifiques. D'après mon expérience avec des élèves en génie thermique et génie civil à Cergy-Pontoise, plusieurs constats s'imposent. D'abord, des élèves très astucieux et pleins de ressources se révèlent littéralement dans des domaines pointus qui les intéressent. Ils ont des aptitudes que les matières générales ne mettent pas en valeur. Ces sections les motivent différemment pour les matières générales, soit parce que celles-ci sont désormais enseignées pour s'appliquer au domaine de leur spécialité (maths, physique), soit parce que, au prix d'un réajustement des exigences, l'enseignement repose sur leur curiosité d'esprit et une exploration plus libre des programmes. On entend les petites voix niveleuses dire : pourquoi ne pas faire le même ajustement des exigences pour tous les élèves ? La dissertation, c'est dépassé, il n'y a qu'à faire de l'allégé partout. Parce que dans la filière générale, ils ne sont pas en train d'acquérir une formation technologique, pardi ! En principe on forme les élèves du général pour la poursuite d'études plus académiques, donc pour ceux-là l'apprentissage de la dissertation se justifie pleinement. Enfin, le niveau de culture générale des filières technologiques françaises est bien meilleur que celui de la *high school* unifiée américaine.

Claude Allègre répétait pourtant à satiété qu'il y a toutes sortes de formes d'intelligence, qu'il ne faut pas faire prévaloir l'une par rapport à l'autre. Concrètement, sa proposition de réforme des lycées réduisait, et de beaucoup, la spécificité des filières technologiques (vraisemblablement pour des raisons financières, le technologique étant beaucoup plus cher par élève que la filière générale). En guise de « lycée pour tous », le lycée unique nivelé devient en réalité le lycée pour personne.

La mise en place de filières diversifiées est pour-

À chacun selon ses capacités ?

tant globalement un succès : les voies technologiques et professionnelles forment un bachelier sur deux, le taux d'embauche de ces diplômés est bon. Les filières professionnalisées préservent des savoir-faire qu'il serait dommage de perdre. Cette diversification s'est pourtant faite dans la quasi-clandestinité par des ministres délégués. Comme si l'Éducation nationale avait honte de ne pas former que des « intellectuels » ! Où l'égalitarisme tourne au snobisme.

Dans le parcours intellectuel de bien des gens, le savoir empirique précède le savoir abstrait et théorique. Dans *La Gloire de mon père* de Pagnol, les paysans posent toutes sortes de questions à l'instituteur, homme instruit. Ses connaissances abstraites en biologie, en chimie, viennent confirmer leurs intuitions empiriques sur les sols, la croissance des plantes. Ainsi l'école devrait s'organiser pour permettre ce type de parcours, or elle fait l'inverse, elle oblige tout le monde à passer par l'abstraction d'abord.

Est-ce que l'école publique secondaire doit se limiter à transmettre la culture générale classique ? Un jeune électricien m'explique que ses parents se sont saignés à blanc pour l'envoyer dans une bonne école d'électricité. Si vous désirez devenir puéricultrice ou sage-femme en France, alors qu'il y a une pénurie de ces professions, sachez qu'il y a peu ou pas d'école publique gratuite qui vous formera. Est-ce bien normal que les savoirs qui se monnayent dans le monde du travail ne puissent s'acquérir que dans des écoles privées payantes ?

Quelques tentatives ministérielles de différenciation des cursus selon les niveaux des élèves ont parfois existé, comme les « parcours diversifiés » selon François Bayrou. Elles ont abouti à la différenciation par établissement plutôt que par classe, parce que les fourchettes horaires devaient être adaptées par les chefs d'établissement « au type d'élèves qu'ils avaient » de façon identique dans l'ensemble des classes de chaque collège. On a abouti à des établissements où comme on avait du mal à faire du français avec beaucoup d'élèves, on leur a fait faire à tous plus de sport !

L'enseignement professionnel, qui forme un élève sur deux, n'était jamais le sujet des discours du dernier ministre en date, Jack Lang. Ce qui paraissait urgent au ministre, c'était de mettre au point des nouvelles méthodes pédagogiques au lycée. Pourquoi la plupart des articles qu'on lit dans les journaux, la plupart des livres qui paraissent ne reflètent-ils pas la réalité du système français, à savoir qu'il comporte deux piliers, l'un général, l'autre technique et professionnel ? Comment peut-on espérer que les parents et les élèves perçoivent certaines orientations comme positives pour eux lorsque le ministre lui-même n'en parle jamais ? La « réforme » qu'on annonce chaque trimestre à l'Éducation nationale concerne toujours le lycée général, jamais la mise en place de filières techniques améliorées, de nouveaux dispositifs de formation professionnelle. Si ces choses se font discrètement, en coulisses, elles ne s'annoncent pas. Pourquoi ?

L'orientation ne devrait pas se faire seulement en fonction de la classe dans laquelle on se trouve mais en fonction de l'âge des élèves. Certains ont quinze

À chacun selon ses capacités ?

ans en Seconde lorsqu'on leur demande leur orientation, mais il arrive que des élèves de quinze ans soient en Cinquième ou en Quatrième : pourquoi retarder l'échéance du choix de leur orientation ? Pourquoi les maintenir dans un cursus où ils échouent ?

Un ministre d'envergure qui voudrait valoriser toutes les filières et faire en sorte que tous les élèves soient qualifiés se heurterait, cela dit, à plusieurs corporatismes simultanément. Le SNES (syndicat des professeurs du secondaire général) ne veut pas l'extension du technologique et du professionnel car il y perdrait son champ de syndicalisation. Un réflexe syndical courant dans la fonction publique : on refuse la création de corps rivaux qui vous font perdre du pouvoir. Les professeurs du professionnel tendent de leur côté à vouloir absolument aligner leur statut sur celui des professeurs du général, ce qui ne se justifie pas nécessairement. La liste des syndicats de l'Éducation nationale forme un annuaire de cinquante pages. Un ministre consciencieux qui reçoit les représentants de chacun de ces syndicats entend « blanc » le matin, « noir » l'après-midi, « gris » le soir et « rose » le lendemain, chacun soutenant des positions opposées, avec pour seul point de convergence la revendication de « plus de moyens pour que la réforme proposée soit acceptable » ! Un ministre qui éviterait la démagogie (« tout le monde au même bac » ; « allégement des contenus partout » et ainsi de suite) aurait vraisemblablement, du moins dans un premier temps, tout le monde contre lui.

L'hésitation des élèves à s'engager dans des filières technologiques vient de ce qu'elles ne semblent offrir que des opportunités d'emploi étroites. Le système scolaire américain a bien des défauts mais il a pourtant une qualité essentielle qui manque cruellement à la France : il donne souvent une seconde chance à tous ceux qui ont le courage de reprendre leurs études ou de réessayer un examen qu'ils ont raté. En France, la plupart des concours ont une limite d'âge qui ne se justifie absolument pas (vingt-trois ans pour Sciences Po par exemple), ce qui pénalise ceux qui ne sont pas soutenus fortement par leurs familles, et ne vivent pas d'autres expériences que la voie royale scolaire.

Le lycée municipal pour adultes à Paris, qui permet aux adultes de repasser le bac, est un modèle de ce qu'il faudrait généraliser en France. Ce lycée dispense des cours du soir (très répandus dans les universités aux États-Unis) pour permettre à des personnes ayant raté le bac de le repasser avec une préparation qui se fait dans une ambiance de sérieux et de motivation hors du commun. Les adultes de vingt-cinq à trente ans « repiquent » et le taux de réussite de cet établissement est de 60 %, ce qui est proche du taux de réussite national et justifie amplement l'institution. Plutôt que l'abolition de tous les examens qualifiants, qui n'aurait pour résultat que le triomphe du « piston », il faudrait organiser partout des préparations de la seconde chance.

Il y a un état d'esprit qui stigmatise beaucoup moins l'échec scolaire chez les Américains. On peut toujours dans la vie se ressaisir, avoir perdu du temps, retrouver une motivation après une crise personnelle, etc. Alors qu'en France les diplômes et

À chacun selon ses capacités ?

les concours sont plus que des épreuves qualifiantes, ce sont des titres de noblesse : vous en êtes ou vous n'en êtes pas.

Quand on sait qu'un des vingt et un critères économiques et sociaux pour proclamer une ZEP (comme les revenus des familles, le nombre d'enfants par famille) est l'origine étrangère des parents d'élèves, on peut se demander si les critères scolaires pour distinguer les élèves ne seraient tout de même pas préférables à des critères socio-ethniques pour distinguer les établissements.

Il faut préserver la conviction qu'on peut former des membres des élites en les recrutant dans tous les milieux sociaux. « À chacun selon ses capacités » n'est pas un principe inégalitaire tant qu'on ne préjuge pas des capacités de chacun selon son milieu ou ses origines.

Hélas, les réformes actuelles sont inspirées par un souci maladif d'atteindre l'égalité par le bas puisqu'on ne peut plus le faire par le haut. L'instruction publique, quoiqu'elle établisse des distinctions en fonction du niveau des élèves, n'aboutit-elle pas à réduire les écarts entre citoyens ? Toute nation n'a-t-elle pas besoin d'élites multiples ? Nous ne sommes pas encore dans un monde qui, selon l'esprit de la Déclaration des droits de l'homme et du citoyen, ne laisse subsister que les différences raisonnables. Mais une école béate jouant une comédie égalitaire ne corrigera pas la société inégalitaire.

10.

L'ascenseur social n'est pas en panne

L'Éducation nationale et l'ensemble de la société française font comme si le système tout entier n'avait à accueillir que des enfants issus de la classe moyenne ou de l'aristocratie ouvrière, déjà instruite. On ignore le fait qu'un nombre important d'élèves dans les quartiers populaires ont des parents illettrés, à peine francophones. Si on installait une école en pleine brousse africaine, on adapterait clairement le niveau scolaire et on saurait que la mise en place de solides bases (lire, écrire, compter) serait déjà une œuvre d'envergure. La réalité vécue de certains élèves dans certains quartiers est d'ailleurs parfois pire que celle des zones rurales du tiers-monde. Les familles sont éclatées, les repères sont brouillés, la pauvreté ressort d'autant plus cruellement que la richesse est partout. L'école accepte-t-elle d'en tenir compte ? À l'évidence non.

Quelle est la politique scolaire des quartiers où se concentrent les immigrés les plus démunis ? Y pratique-t-on, comme pour les classes d'origine populaire des années 60 et 70, une sélection positive, fût-elle minoritaire (évitons de chiffrer par

L'école des ego

avance), d'élèves doués pour les former précocement aux filières les plus difficiles ? Y installe-t-on des écoles professionnelles prestigieuses avec des débouchés attractifs pour ceux, nombreux, qui n'ont pas le niveau pour faire des baccalauréats généraux ? À vrai dire, non : on leur joue la comédie du « tout le monde est mélangé et cela fait du bien à tout le monde » et, bizarrement, personne n'est dupe.

Certes il peut sembler paradoxal de critiquer certains dysfonctionnements de l'école aujourd'hui tout en affirmant que pour l'essentiel l'école continue à jouer son rôle de promotion sociale du plus grand nombre. Les réformateurs actuels justifient les mesures qu'ils veulent voir mises en application par le fait que l'école ne ferait que « reproduire l'inégalité sociale ». Le bilan est bien plus nuancé, comme le montre une étude sociologique présentée au Commissariat général du Plan en avril 2001 (menée par Louis-André Vallet et Jean-Paul Caille). Certes les enfants d'immigrés réussissent beaucoup moins bien que les enfants français. Mais les chercheurs démontrent que si, au lieu de prendre le seul critère de l'origine nationale des élèves, on ajoute à la comparaison leur milieu social, on s'aperçoit que le système scolaire français ne défavorise pas particulièrement les enfants d'immigrés. Si l'on s'en tient au critère de l'origine nationale, 19,4 % des élèves d'origine étrangère obtiennent le baccalauréat général du premier coup contre 31,8 % d'élèves d'origine française. Après huit ou neuf ans de scolarisation, les premiers sont 41,8 % à obtenir leur baccalauréat contre 57,9 % des

L'ascenseur social n'est pas en panne

seconds. Même lorsqu'on s'en réfère au critère unique de l'origine nationale, la possibilité d'atteindre le même but en un temps plus long favorise les élèves d'origine immigrée. Voilà un argument contre toutes les limites d'âge qui caractérisent l'entrée aux grandes écoles en France et de nombreux concours.

Si l'on prend en considération des critères sociaux comme la profession du chef de famille, le diplôme le plus élevé obtenu par un membre de la famille proche (facteur très influent), le nombre d'enfants, alors il s'avère que les enfants d'immigrés réussissent mieux que les élèves français « de souche » de milieu social équivalent. Le taux de réussite est entre 25 et 19 % supérieur selon les groupes ethniques (seuls les élèves d'origine turque semblent en dessous de ces chiffres). Le taux le plus élevé concerne les enfants d'origine asiatique, la proverbiale ambition scolaire investie dans les enfants par ces familles porte ses fruits. Ce constat correspond au vécu des professeurs : les élèves issus de l'immigration sont dynamiques, ils « en veulent ». Les chercheurs ont constaté dans une autre étude, datant de 1991, que les parents immigrés avaient de fortes aspirations scolaires pour leurs enfants. Cette ambition investie peut expliquer au moins en partie leur meilleure réussite scolaire à origine sociale égale.

Compte tenu de ce constat, les enfants issus de l'immigration devraient réussir plus qu'ils ne le font dans les études supérieures. Or le pourcentage d'enfants d'ouvriers ne cesse de décroître dans les grandes écoles depuis vingt ans. L'explication réside-t-elle dans le fait que n'étant pas de parents entièrement francophones au départ, le parcours pour élever leur niveau d'instruction est plus long ? C'était l'hypothèse officielle au départ de la création des ZEP (inaugurées par Alain Savary au temps du gouvernement Pierre Mauroy). L'argument a été censuré pour xénophobie, ce qui est absurde : soit l'hypothèse était vraie, soit elle était fausse. En tout cas, dire qu'il ne « fallait pas » évoquer le handicap linguistique éventuel des enfants d'origine étrangère parce qu'on risquait de susciter de mauvaises pensées chez « les gens » (qu'en sait-on ?) fait partie de ces interdits de penser qui faussent toute recherche de solutions.

Pour ma part, étant moi-même non francophone au départ, je pense que l'hypothèse du handicap linguistique explique le relatif handicap des élèves moyens (surtout dans des matières où la rédaction française est déterminante) mais elle n'explique pas que les meilleurs élèves d'origine immigrée et ouvrière n'arrivent pas beaucoup plus loin dans leurs études. Une hypothèse vraisemblable est que les enfants d'immigrés aujourd'hui ne bénéficient pas du même tri sélectif dont ont bénéficié leurs prédécesseurs.

Lors d'un journal télévisé sur des manifestations d'enseignants qui réclamaient « plus de moyens », le présentateur donna la parole à un vieil instituteur de quatre-vingts ans. Voici ce qu'il dit : « Le problème c'est l'hypocrisie du collège unique, de dire à tout le monde qu'il peut faire les mêmes études. C'est faux, c'est tout, et c'est là le problème. Lorsque j'enseignais, les élèves étaient quarante par

L'ascenseur social n'est pas en panne

classe et ils étaient fils de cheminots pour la plupart, autant dire qu'ils n'étaient pas riches. Un inspecteur m'a dit un jour un truc vrai, c'est que généralement dans une classe il y a trois tiers à peu près égaux. Un tiers d'élèves très intelligents à qui on peut faire suivre des études longues, poussées, ils y arriveront. Puis un tiers qu'on peut former à un bon métier assez complexe, et le dernier tiers, eh bien, il faut s'en occuper, leur trouver un emploi. »

Le journaliste parut très amusé d'avoir trouvé ce fossile d'une époque antédiluvienne. L'absence de complexe avec lequel cet instituteur, lui-même fils d'ouvrier, son inspecteur et avec eux tout le système faisaient de la sélection scolaire (mais avec le souci de s'occuper de tout le monde) a de quoi laisser songeur. Les élèves immigrés d'aujourd'hui qui vont jusqu'au bac général le font dans des conditions bien plus mauvaises qu'autrefois. Pendant le collège et encore en partie pendant le lycée, au lieu d'être dans une ambiance studieuse avec des élèves de milieu « favorisé », l'élève d'origine immigrée dans un lycée de banlieue doit frayer son chemin au travers des perturbateurs, des chahuts d'élèves démotivés et se trouve privé de l'ambiance d'aisance intellectuelle qui pourrait lui servir de modèle.

Michel Fichant, professeur à Paris V, propose la formule suivante : « Pour qu'il y ait ascenseur social, encore faut-il admettre qu'il y ait des étages. » Ajoutons qu'il faut admettre que plusieurs ascenseurs peuvent (plus ou moins rapidement) mener aux mêmes étages et que l'essentiel ne réside pas dans l'ambiance égalitaire qui règne dans l'ascenseur mais dans sa destination finale. Enfin, qu'à vouloir mettre tout le monde dans le même engin, on met l'appareil en panne.

L'image d'ascenseur et d'étages a ses limites parce que beaucoup de métiers s'égalisent dans la perception collective, et cette évolution positive peut se poursuivre d'autant plus que l'école jouera un rôle de valorisation des métiers. Les différences de revenus et de conditions de vie s'estompent. Face à leurs conditions de travail dégradées et leurs revenus médiocres, des médecins anesthésistes en colère ont pu parler de « prolétarisation du métier de médecin », de même les médecins généralistes ont fait grève parce qu'une consultation ordinaire selon les prix conventionnés coûte moins cher qu'une coupe de cheveux.

Dans un numéro du journal de la FCPE, le métier de maquettiste est présenté comme un bac+3 (alors que les voies d'accès sont multiples, dont le Lycée du livre) et on y précise que les salaires dépendent beaucoup du type d'entreprise pour lequel on travaille. S'il est vrai que le métier est intéressant et demande de la culture, il n'est jamais que le descendant moderne du typographe (métier type de l'aristocratie ouvrière, les typographes étaient nombreux parmi les émeutiers de la Bastille en 1789 et encore sur les barricades de 1848). Grâce à l'informatique, qui fait que la photo du maquettiste présente un homme à son bureau devant un ordinateur, voilà un métier définitivement passé du côté « col blanc » (et c'est loin d'être le seul).

Parce que le recrutement dans les filières techniques et professionnelles se ferait majoritairement parmi les enfants d'origine ouvrière, il faudrait cesser tout recrutement : pourquoi ne pas affirmer alors que puisque les professeurs sont souvent enfants de professeurs, cessons de recruter des professeurs et abolissons la filière générale ? On ne dépasse pas toujours ses parents, est-ce à dire pour autant qu'on n'accomplit rien ? L'ancien ministre délégué à l'enseignement professionnel, Jean-Luc Mélenchon, pourtant à la gauche du PS, fait remarquer que la mixité sociale des classes du collège ne serait pas remise en cause si on permettait à quelques dizaines de milliers de jeunes de s'orienter vers les Quatrième et Troisième technologiques des lycées professionnels. Sur les plus de trois millions d'élèves du collège, 30 % sont issus de familles ouvrières, 17 % sont enfants d'employés, 16 % de cadres intermédiaires et 10 % ont des parents au chômage ou sans activité professionnelle. Autant dire que les enfants des classes populaires sont très largement présents au collège et que le départ de cinquante mille d'entre eux (2 %) vers les lycées professionnels ne changera rien à cet équilibre. En revanche, il peut changer beaucoup pour ces jeunes et leur permettre de passer d'une logique d'échec à un accomplissement personnel.

Pour certains enfants d'ouvriers illettrés, parvenir au baccalauréat professionnel (même au BEP d'ailleurs) est déjà un progrès appréciable par rapport à leur milieu d'origine. Si on raisonne en termes de stratégie de promotion sur trois ou quatre générations (ce qui a été le destin de la plupart des lignées ouvrières en France), les enfants d'ouvriers qui aujourd'hui obtiennent un baccalauréat général ou technologique vont plutôt un peu plus loin, un peu plus vite.

On voit d'ailleurs arriver dans les établissements scolaires, les hôpitaux, les entreprises, de jeunes adultes qualifiés issus de l'immigration. D'après une étude pilotée par le ministère de l'Emploi et de la Solidarité, les hommes d'origine maghrébine trouvent des emplois qualifiés aux niveaux moyens mais ont du mal à percer au niveau de cadre supérieur. Une hypothèse est que la sélection scolaire étant tabou, elle ne joue pas le rôle de promotion vers l'excellence des plus doués nés dans les quartiers défavorisés.

En ce qui concerne le professorat, maints exemples de jeunes collègues maghrébins confirment que l'ascenseur scolaire, en tout cas, marche encore. Tel professeur de lettres classiques se réjouissait de la réussite à l'agrégation de lettres classiques (latin et grec anciens avec arabe classique en option) d'un de ses anciens élèves issus d'une famille à peine lettrée. L'année où trois enseignants de l'équipe scientifique de mon collège à Paris furent mutés vers d'autres établissements, les trois nouveaux venus étaient tous maghrébins d'origine ainsi que le nouveau professeur d'anglais d'origine marocaine.

Le vrai clivage passe maintenant entre enfants de parents qui travaillent et enfants dont les parents n'ont jamais travaillé (à distinguer de la mise au chômage relativement récente). Leurs seules références viennent de l'école et celle-ci leur envoie le message que seules les études générales sont respectables. Il est courant de voir des élèves particulière-

L'ascenseur social n'est pas en panne

ment faibles et peu enclins aux études insister pour rester au collège unique, voire au lycée, où ils n'obtiennent aucun diplôme mais pointent ensuite à l'ANPE avec un soi-disant « niveau bac ». Des jeunes bien plus dynamiques se prennent en main et choisissent une orientation professionnelle ou spécialisée. Plus d'une fois il m'est arrivé de voir un élève de Quatrième, intelligent et avec du caractère, décider de partir en apprentissage parce que l'école « ce n'était pas son truc », tandis qu'il laissait derrière lui, à moisir sur les bancs du collège, des camarades sans envergure et sans qualités scolaires non plus.

Prétendre dans ces conditions faire de l'orientation sur la seule base du « projet personnel » n'est pas toujours suffisant face aux élèves les plus en difficulté. Sur ce point, il faut l'admettre, l'ascenseur est en panne.

11.

Les professeurs : une armée de démobilisés

Si la tradition française subsiste, la force de résistance des enseignants est sapée de toutes parts. Nous avons vu que la qualité d'exigence des instituteurs était battue en brèche par les modes pédagogiques qui sévissent. Ce virus risque de gagner bientôt les enseignants du secondaire.

Une sorte de vulgate des idées du sociologue Pierre Bourdieu a depuis des années une emprise considérable sur toute une génération de professeurs. Le sociologue s'est rendu célèbre en démontrant « scientifiquement » ce qu'au demeurant le bon sens suffit à constater : les enfants issus de milieux pauvres et moins cultivés sont très défavorisés à l'école. Dans les années 60, lorsque ses premières thèses furent publiées, Pierre Bourdieu s'en prenait au mythe de la méritocratie selon lequel chacun réussit à l'école en fonction de ses talents et de ses efforts individuels. Il semblait forger une vision socialement plus juste en soulignant les avantages hérités des enfants « bourgeois ».

Si l'idéologie de Bourdieu avait eu pour seule conséquence de relativiser la notion de mérite sco-

L'école des ego

laire, son effet eût été bénéfique. La conscience des inégalités d'origine sociale est en effet importante pour ne pas humilier les élèves. Pour tirer le meilleur parti d'eux, il faut tenir compte du surcroît d'efforts que suppose l'acquisition du savoir scolaire pour un enfant issu d'un milieu qui n'en possède pas les rudiments. On valorise mieux l'élève lorsqu'on se rend compte du mérite qui est le sien au niveau où il se trouve. Dans la pratique, toutefois, l'idéologie « bourdieusienne » n'a pas servi essentiellement à rendre les professeurs plus souples et plus justes dans leur évaluation des élèves.

L'idéologie construite au fil de ses livres, des *Héritiers*[1] à *La Reproduction*[2], s'est inscrite dans un courant de pensée marxiste qui tendait à faire de toutes les institutions républicaines des instruments de la bourgeoisie dominante. Ainsi, non seulement la police, par exemple, réprime le peuple pour protéger la bourgeoisie, mais selon la pensée radicale de Pierre Bourdieu, l'école légitime la culture bourgeoise. Ce faisant, l'école conforte la classe dominante. De longues pages démontrent que l'école est un vaste instrument d'aliénation des enfants des milieux populaires. Il y a d'ailleurs malentendu entre le sociologue et son audience enseignante car les professeurs ne croient pas vraiment être au service du pouvoir bourgeois, comme l'affirme pourtant Pierre Bourdieu.

Les enseignants sont à juste titre sensibles à la démarche concrète du sociologue lorsqu'il démon-

---

1. Avec J.-C. Passeron, Paris, Minuit, 1964.
2. *Idem*, 1970.

Les professeurs : une armée de démobilisés

tre que certaines institutions scolaires, censément ouvertes à tous les milieux sociaux, ne restent en réalité accessibles qu'aux milieux initiés. Mais Pierre Bourdieu ne se contente pas de pointer les dysfonctionnements. Il en vient à démontrer que l'institution scolaire est intrinsèquement illégitime. Les professeurs, quant à eux, restent attachés au principe d'une institution qu'ils ne perçoivent pas comme un instrument au service des nantis. Ils croient plutôt contribuer à l'émancipation des enfants par le savoir, même s'ils se sentent impuissants à venir à bout de toutes les inégalités sociales. Ils se perçoivent en dehors de la société, de l'économie et de ses injustices, alors que Pierre Bourdieu en vient à dire dans les années 80 que le « capital culturel » est désormais plus déterminant dans les rapports de pouvoir que le capital financier. L'école ne serait dans cette vision des choses qu'une vaste machine à conforter tous les « héritiers ».

Cette pensée a largement participé à la culpabilisation des intellectuels typique de l'époque de l'après-guerre et des « compagnons de route » du Parti communiste français. À l'image de beaucoup de professeurs, le sociologue fut précisément l'exemple d'un étudiant intelligent qui a connu une promotion sociale par les études. Or toute sa carrière est basée sur la dénonciation du mythe « bourgeois » de l'élévation sociale par les études ! En somme, la pensée de cette grande figure d'intellectuel de gauche contient deux paramètres : une surévaluation de la puissance de l'Intellectuel au sein de la société et dans le même temps une accusation sans appel : cet Intellectuel ne serait qu'un valet de la « bourgeoisie ».

Libérés de cette idéologie, les enseignants joueraient sans doute mieux leur rôle. Selon un sondage, les Français pensent que les chercheurs scientifiques sont ceux qui méritent d'être le mieux rémunérés dans la société. C'est pourtant loin d'être le cas ! Le prestige social de l'intellectuel est réel, et même particulièrement fort en France, mais il ne s'agit que de cela : du prestige. Pas de quoi s'autoflageller comme l'a fait toute une génération de gens instruits de gauche.

Pis, les enseignants adhèrent plus ou moins consciemment à l'idée que la société dans laquelle ils initient les enfants est d'une injustice telle que tout effort pour les y insérer relève d'une forme d'oppression. En cela le résultat réel de la critique radicale de l'école est la déresponsabilisation de l'enseignant. Cette façon de voir amène certains « intellectuels » à devenir des spécialistes de la sociologie de l'école ou de la pédagogie révolutionnaire sans jamais affronter les élèves en chair et en os. Contrairement à l'instituteur de la IIIe République qui se sentait investi d'une mission d'insertion sociale de tous ses élèves, l'enseignant d'aujourd'hui croit confusément qu'il doit sauver l'enfant de la société tout entière. Dans le meilleur des cas il doit l'émanciper par le savoir, dans le pire des cas le laisser vivre une spontanéité absolue en dehors de la société. Or le vrai rôle du professeur est sans doute de guider les élèves.

Pour réussir leur insertion, une bonne évaluation de leurs capacités et de leurs goûts ne suffit pas.

Les professeurs : une armée de démobilisés

Pour convenablement les orienter, il faut aussi un sens de l'intérêt général. Il faut pouvoir envoyer un élève dans une école du bâtiment parce que la collectivité a besoin d'ouvriers du bâtiment. Un tel état d'esprit est totalement étranger à l'institution scolaire aujourd'hui. Curieusement cet anti-utilitarisme se conjugue avec un anti-élitisme tout aussi contraire à l'intérêt général. On en arrive à dénoncer l'élitisme intellectuel, comme si une nation pouvait se passer de matière grise hautement qualifiée. Il y a une utilité sociale des élites intellectuelles ni plus ni moins réelle que celle des ouvriers du bâtiment.

Alors que les enseignants se sont laissés aller à ce confus sentiment de culpabilité, leurs syndicats se sont carrément pervertis. Il y a environ quinze ans, une enseignante militante communiste de longue date s'opposait vigoureusement à la décharge des délégués syndicaux enseignants. Elle craignait la professionnalisation de la représentation syndicale (la décharge permet aux délégués d'être rémunérés en faisant beaucoup moins d'heures de cours, voire aucune). Non seulement un tel syndicalisme se détacherait du terrain, transformant les permanents en carriéristes de la politique, mais il cesserait de mener une réflexion pertinente sur le rôle de l'école. Le cours des choses lui a donné raison.

De plus, les syndicats de la fonction publique veulent être fédératifs à tout prix, c'est-à-dire défendre les intérêts non seulement des enseignants, mais de tous les personnels de l'Éducation nationale (infirmières, secrétaires, personnel d'entretien, etc.) Ils ont dès lors tendance à noyer la réflexion sur la

L'école des ego

vocation de l'enseignement dans la défense de menus intérêts corporatistes. Le mot d'ordre dominant semble être toujours « moins » : moins d'heures, moins d'élèves, moins de programmes. En voulant trouver le dénominateur commun entre un professeur et un ouvrier de l'État, la vocation du professeur devient de travailler le moins possible pour une pitance indexée sur l'inflation. Simultanément, ces syndicats sont subdivisés par corps souvent selon le concours obtenu. Il y a des rivalités entre les syndicats des professeurs du technique et professionnel et ceux du général. Structurellement donc, les syndicats d'enseignants ne mènent pas de réflexion digne de ce nom.

Ces dernières années, on assiste pour la première fois à des grèves appelées par les syndicats qui suscitent l'hostilité explicite des enseignants qui ne la font pas. « Il faudrait tout de même réfléchir un peu plus sur pourquoi nous sommes là, il y a une crise de la vocation de l'école qu'il faudrait aborder », dit une enseignante qui ne fit pas grève pour une « RTT (réduction du temps de travail) qui franchement n'est pas l'urgence pour les professeurs ».

Dans ces conditions, les professeurs résistent-ils aux réformes ? Leur bon sens professionnel les amène souvent à se méfier des gadgets ministériels. Les professeurs du secondaire appliquent les instructions toujours dans le sens le plus exigeant possible par la pure force de la tradition d'excellence du système. Vraisemblablement, cette résistance presque inconsciente aux visées niveleuses des ministères successifs s'estompera avec le temps. Le ministère de Claude Allègre a porté un très grand

Les professeurs : une armée de démobilisés

coup au moral des troupes. Pour employer une métaphore, c'est un peu comme si un ministre de l'Industrie décide que la nation ne fera plus d'acier de qualité. Pour convaincre l'opinion publique de la validité de ce choix, le ministre declare alors à tout bout de champ que les sidérurgistes sont mauvais et ne savent pas s'adapter aux nouveaux impératifs. Claude Allègre voulait faire une école « massifiée » : unifiée et allégée à la fois. Au lieu d'énoncer ce projet clairement, il s'en prit à l'inertie supposée des professeurs. Or si les enseignants, comme d'ailleurs la société française, ressentent une crise de la mission de l'école, ils sont de bons professionnels. Ils ne veulent pas d'un nivellement général du système. Mais qu'en est-il de l'opinion publique ? Les professeurs ne savent pas en débattre avec les parents et c'est là leur défaut. Ils ne savent guère en débattre d'ailleurs entre eux. Dès qu'apparaît la moindre contradiction en leur sein, ils s'accordent pour dire que tout serait possible avec « plus de moyens ». À force, les parents d'élèves ne les trouvent pas très crédibles.

La littérature revendicative enseignante parle de dénigrement public de leur fonction, de confiance volontairement rompue entre eux et les familles. Si le temps des « hussards noirs », ces enseignants à qui l'on devait confier ses enfants aveuglément, est certainement révolu, il ne faut pas transformer l'enseignant en une sorte d'esclave grec comme ces précepteurs des nobles familles romaines. Il faut que la collectivité admette l'autorité du professeur. Cela ne signifie nullement le mettre au-dessus de toute critique. Simplement, comme l'autorité du médecin ou de tout serviteur social qualifié, sa compétence doit être reconnue pour qu'il puisse bien remplir sa mission sociale. Encore faut-il évidemment définir clairement ce qu'on attend de lui. Que veulent les Français de leur école ?

Conclusion

Des moyens sans fin ?

À chaque manifestation d'enseignants, le seul slogan qui émerge est : « Plus de moyens. » Ce mot d'ordre constitue le permis de ne pas penser les fins de l'école. Il est utilisé par les syndicats pour entretenir l'illusion d'unité du corps enseignant.

Michel Fichant, professeur à Paris V, parle de la faillite de la gauche sur la question de l'Éducation nationale qui a commis, selon lui, « une faute historique aussi grave que la guerre d'Algérie ». Il regrette ce qu'il appelle la condescendance de la droite républicaine qui abandonne la question scolaire comme s'il s'agissait d'un « problème de profs de gauche » et non d'un enjeu national.

À l'heure de l'intelligence artificielle, du développement du secteur « quaternaire », de la nouvelle division internationale du travail entre pays qui conçoivent et pays qui fabriquent, les économistes cherchent à cerner la valeur économique du savoir. En quelques traits saillants on peut montrer comment le savoir est crucial pour l'économie. Le savoir est un déterminant de la croissance ; les investissements matériels arrivent toujours à des paliers de stagnation, c'est ce qu'on appelle la loi des rendements décroissants. L'innovation, et donc le savoir le plus dynamique, celui qui remet en cause, qui maîtrise assez les données pour pouvoir les changer, est indispensable à la croissance.

Lorsqu'une nouvelle technologie augmente la productivité, les savoir-faire humains requis deviennent souvent plus complexes (la chaîne robotisée est surveillée par un technicien très qualifié, la secrétaire munie d'un ordinateur est davantage qu'une simple dactylographe, et ainsi de suite). La modernisation de l'économie ne conduit donc pas nécessairement à la taylorisation du travail, contrairement à ce que pensent trop d'enseignants.

En macroéconomie, le niveau d'éducation influe sur la santé : les soins que les gens savent se procurer, leurs habitudes d'hygiène. Le taux de mortalité infantile est inversement proportionnel au niveau d'études des mères dans tous les pays : plus une mère est instruite, moins son enfant risque de mourir. L'éducation influe sur la criminalité ; des chercheurs américains démontrent, avec force statistiques, la convergence entre bas niveau scolaire et délinquance. La préservation de l'environnement, démarche plus complexe que celle de la simple exploitation économique des ressources, nécessite un niveau d'éducation accru. Le savoir est très largement un bien commun.

La part des biens collectifs dans les économies s'accroît : centrales électriques, satellites, banques de données, trains à grande vitesse, chaînes de télévision, etc. L'école est une infrastructure collective de l'économie.

Conclusion

Selon l'OCDE, l'impact des politiques publiques se voit quarante-cinq ans après qu'elles ont été mises en place. Il est à craindre que la gauche au pouvoir nous préparait le pire des mondes : des études générales au rabais, pour que « tous » puissent suivre. Tout en sacrifiant le professionnel et le technologique. D'où perte des savoir-faire et gain en médiocrité intellectuelle. Le bel avenir !

Ce mauvais choix politique, inspiré par les désirs de flatter la classe moyenne, dessert les intérêts réels de celle-ci. Aux États-Unis, des études démontrent qu'il y a eu une chute du niveau de vie de la *middle class* alors même qu'il y a eu une croissance de la richesse. Un des facteurs de la chute de son niveau de vie est le prix exorbitant des études, du fait de leur prolongation et de la privatisation des études de qualité.

Le mot « réforme » sans cesse employé par les ministres de l'Éducation nationale semble occulter ce qu'il faut d'abord préserver du système scolaire français. Troisième au niveau mondial en mathématiques (première proportionnellement à sa population), forte en recherche médicale et en haute technologie, la France a démontré récemment ses capacités d'adaptation technologiques et industrielles, avec par exemple l'achat de Nissan par Renault.

Or les politiques menées, loin de vouloir préserver l'excellence publique, s'obstinent à la laminer au nom de la « démocratisation ». Ainsi, le rapport dit Fauroux commandé en 1995 par le Premier ministre Alain Juppé et le ministre de l'Éducation nationale d'alors, François Bayrou, devait redéfinir les priorités de l'école. Le rapport préconise de sim-

L'école des ego

plifier les contenus et de moins distinguer les matières au collège pour combattre le pourcentage de 14 % d'élèves illettrés qui entrent en Sixième. Était-ce une si bonne idée pour les 86 % d'élèves qui ne sont pas illettrés et les quelque 65 % d'entre eux qui obtiennent un baccalauréat ?

La dénonciation de la sélection scolaire est une sorte d'incantation « de gauche » à usages multiples ; que signifie par exemple la revendication d'abolir la sélection de la part d'étudiants à l'université qui ne payent pas leurs études et ne réussissent pas leurs examens ? Un système basé sur le mérite qui fonctionne au mieux oblige les enfants issus de milieux favorisés à se forger un bon niveau intellectuel, à ne pas se contenter des acquis faciles de leur milieu familial. Les classes moyennes poursuivent leur ascension ou maintiennent leur situation acquise. Les promotions rapides d'enfants de milieu modeste sont réelles quoique minoritaires, la plupart bénéficient surtout d'une élévation de leur niveau culturel. L'école ne combat donc les inégalités d'origine sociale que lorsqu'elle fait de l'élitisme, lorsqu'elle récompense certains élèves sur la base du savoir et du talent.

L'« élitisme républicain » ne crée pas des privilégiés puisqu'au sein des services publics les personnes qualifiées doivent travailler pour l'intérêt général. L'école républicaine associe l'acte à la parole en quelque sorte. C'est ainsi qu'on envoie dans les quartiers les plus déshérités de France des certifiés et des agrégés érudits dans des disciplines, ce système est unique au monde. Un peu à l'instar du slogan de la SNCF, « Le progrès ne vaut que s'il

Conclusion

est partagé par tous », les institutions, les services publics instituent des hiérarchies tournées vers les plus faibles. L'attachement à ces institutions met à mal l'idée que les faibles amènent le progrès par leur révolte. En cela il n'est ni marxiste ni tiers-mondiste. Qu'est-ce qui va motiver le professeur, l'instituteur qui doit se rendre dans des quartiers laissés pour compte, s'attaquer à l'ignorance et à la bêtise, sinon la conviction qu'il fait son devoir ? L'élite au service du peuple, voilà une idée à remettre à l'ordre du jour.

En 1997, 68,3 % d'une classe d'âge sont arrivés au niveau du baccalauréat. La voie technologique (20,9 % de la classe d'âge) et professionnelle (11,9 %) représente un bachelier sur deux. La situation cinq ans après le baccalauréat pour chacune de ces filières est la suivante : pour les bacs généraux, 11 % de chômeurs et 14 % d'inactifs, 46 % d'ouvriers et d'employés, 24 % de cadres, enseignants, professions indépendantes. Dans la filière technologique, les proportions sont très comparables, avec moins d'inactifs, un peu moins de cadres (21 %) et plus d'ouvriers et d'employés. Quant au bac professionnel, le chômage est moindre que dans les deux filières précédentes, de même pour le nombre d'inactifs ; certes les cadres y sont moins nombreux (16 %) mais l'emploi qualifié y est la règle.

Ainsi la meilleure politique scolaire doit partir de l'objectif suivant : tous les élèves doivent être diplômés et qualifiés au mieux de leurs possibilités (plutôt que de dire qu'ils doivent tous atteindre le même niveau). Or une diversification égalitaire est centralisée. Le jacobin Jean-Pierre Chevènement a décentralisé la construction des établissements et gardé la centralisation des programmes et du recrutement des enseignants. Il est judicieux de décentraliser ce qui peut être mieux géré de près, et de centraliser ce qui garantit l'égal accès aux contenus. Que le fonctionnement soit décentralisé ou non, il doit obéir à certains principes : laïcité, impartialité politique de l'école, mise à l'écart des intérêts économiques. Lorsqu'il faut que l'école « ouvre à la vie », il devient difficile d'admettre ces restrictions. Lorsqu'elle se limite à transmettre un savoir et à qualifier les élèves, sa particularité prend sens.

Par ailleurs, l'emploi unique à vie devient l'exception dans le secteur privé. Il faut donc que l'institution scolaire se charge de la formation continue. Le professeur de droit Alain Supiot propose le concept juridique de « droit de tirage social » qui suppose de créer un système de prise en compte des changements d'activité au cours de la vie active. Chaque salarié pourrait accumuler des droits de prendre une pause de quelques mois, par exemple, pour suivre une formation ou tenter une nouvelle entreprise. Il tirerait alors ses revenus d'une sorte de compte social. C'est une proposition parmi d'autres.

Toutefois, un fort rôle social dévoué à l'État est battu en brèche par une idéologie « de gauche » comme « de droite » selon laquelle moins d'État, c'est mieux. Sans abandon explicite du rôle social de l'État, les gouvernements successifs ont cessé

Conclusion

d'intervenir dans la régulation sociale. C'est le règne du rapport marchand : j'ai payé pour ce que je veux, à ce titre vous me le devez. L'idée de l'école publique est en principe différente : on accepte des contraintes, des obligations, en échange d'un service de la meilleure qualité possible. Chaque élève fait de son mieux pour la collectivité. Mais les Français croient-ils encore au service public et à l'intérêt général ?

Bibliographie

Ouvrages

BOURDIEU Pierre et PASSERON J.-C., *Les Héritiers : les étudiants et la culture*, Paris, éd. de Minuit, 1966.

BOURDIEU Pierre et PASSERON J.-C., *La Reproduction — Eléments d'une théorie du système d'enseignement*, Paris, éd. de Minuit, 1970.

DUBET François et DURU-BELLAT Marie, *L'Hypocrisie scolaire — Pour un collège enfin démagogique*, coll. « L'épreuve des faits », Paris, Seuil, 2000.

FOUCAMBERT Jean, *L'École de Jules Ferry — Un mythe qui a la vie dure. Par ceux qui la transforment*, éd. Retz, 1986.

HIRSCH E.D. Jr, Dr, *The schools we need and why we don't have them*, ed. Doubleday, 1996.
Pour consulter le site du Dr Hirsch : eco@fastlane.net
http ://www.fastlane.net/~eco

MÉDA Dominique, *Le Travail, une valeur en voie de disparition*, Paris, Aubier, 1995, (épuisé), éd. Flammarion, 1998.

MEIRIEU Philippe, *Apprendre... oui, mais comment ?*, ESF éditeur, coll. « Pédagogies », 1987, 1re éd ; 17e tirage, 1999.

TODD Emmanuel, *Le Destin des immigrés — Assimilation et ségrégation dans les démocraties occidentales*, Paris, Seuil, coll. « L'Histoire immédiate », 1994, (épuisé), Le Seuil, coll. « Points Essais », 1997.

Articles

« La sélection précoce, clé du succès chez les Bretons », *Libération*, 8 janvier 2001.
« Les enfants d'immigrés sur le marché du travail, les mécanismes d'une discrimination sélective », Roxane SILBERMAN et Irène FOURNIER in *Formation/Emploi*, n° 65, 1999.
« Pédagos de tous les pays, unissez-vous ! », Gabriel COHN-BENDIT in *Libération*, 28 septembre 2000.
Rapport du CÉREQ (Centre d'études et de recherche sur les qualifications), dossier « Génération 92 » in *Formation/Emploi*, n° 73, 2001.

Table

Introduction 7

1. Voyage dans la préhistoire scolaire 11
2. Il faut s'é-pa-nouir ! 19
3. Comment on abolit l'exigence scolaire 27
4. Construire tout seul son savoir ? 41
5. La grande mystification pédagogique 55
6. L'intérêt général est-il la somme des ego ?. 69
7. L'école, creuset de l'identité nationale 83
8. La discipline est tabou 101
9. À chacun selon ses capacités ? 121
10. L'ascenseur social n'est pas en panne 139
11. Les professeurs : une armée de démobilisés 149

Conclusion : Des moyens sans fin ? 157

Bibliographie 165

Cet ouvrage, composé par Nord Compo,
a été achevé d'imprimer sur Roto-Page
par l'Imprimerie Floch à Mayenne,
pour les Éditions Albin Michel
en août 2002.

N° d'édition : 20823.
N° d'impression : 54734.
Dépôt légal : septembre 2002.
Imprimé en France.